ÉFINITIF DE LA NOUVELLE LOI

SUR LE

RECRUTEMENT

DE L'ARMÉE

VOTÉE PAR L'ASSEMBLÉE NATIONALE

en dernière lecture

LE 27 JUILLET 1872

AVEC NOTES EXPLICATIVES

au-dessous de chaque article

Par LAGRANGE DE LANGRE

QUATORZIÈME ÉDITION. PRIX : **30** CENTIMES

PARIS

LIBRAIRIE DU *MONITEUR UNIVERSEL*

13, QUAI VOLTAIRE, 13

1872

TEXTE DÉFINITIF DE LA NOUVELLE LOI

SUR LE

RECRUTEMENT

DE L'ARMÉE

VOTÉE PAR L'ASSEMBLÉE NATIONALE

en dernière lecture

LE 27 JUILLET 1872

AVEC NOTES EXPLICATIVES

au-dessous de chaque article

Par **LAGRANGE DE LANGRE**

NOUVELLE ÉDITION REVUE ET CORRIGÉE

PARIS

LIBRAIRIE DU *MONITEUR UNIVERSEL*

13, QUAI VOLTAIRE, 13

1872

INTRODUCTION

Les malheurs de la Patrie nous ont cruellement démontré l'insuffisance de nos institutions militaires ; il fallait donc, à moins de laisser périr notre nationalité, procéder à une réorganisation complète de notre armée.

L'Assemblée a posé la base de l'édifice en votant la nouvelle loi de recrutement.

LES MOTIFS de cette loi, il est inutile de les rappeler ; ils sont inscrits en caractères ineffaçables au cœur de tout Français ;

SON BUT : c'est la réorganisation militaire et sociale de notre pays, par l'égalité, le travail et la discipline ;

SES MOYENS : c'est l'appel au dévouement, au patriotisme de tous ; c'est l'équitable répartition des charges, c'est le judicieux emploi des aptitudes.

Dès aujourd'hui, tout Français doit lire, commenter, étudier cette loi ; tous nous devons nous pénétrer des devoirs qu'elle nous impose, ou des droits qu'elle nous confère.

LE VIEILLARD, en étudiant la nouvelle loi du recrutement, verra quelles sont les formalités auxquelles sont tenus les parents ou les tuteurs des jeunes gens faisant partie des contingents ; il apprendra quelles sont les démarches à faire pour conserver l'enfant qui est son unique soutien ;

L'HOMME FAIT apprendra à connaître les obligations auxquelles seront tenus désormais tous les citoyens valides de vingt à quarante ans ;

LE JEUNE HOMME, — lui en qui repose l'espoir de la France, — le jeune homme verra quels sont les devoirs qui l'attendent, devoirs qu'il saura d'autant mieux remplir qu'il en aura plus apprécié l'étendue et la portée patriotique.

Publier le texte de la nouvelle loi, en faisant suivre chaque article d'un commentaire capable d'en faire bien apprécier la portée, c'est donc faciliter à chacun le moyen de s'éclairer sur l'étendue de ses droits ou de ses devoirs.

LAGRANGE DE LANGRE,
ex-intendant administrateur du camp des Alpines.

TABLE DES MATIÈRES

DISPOSITIONS GÉNÉRALES

	PAGES	ARTICLES
Obligation du service militaire.	5	1
Suppression du remplacement.	6	4
— du vote dans l'armée.	6	5
— de la garde nationale.	6	6

EXCLUSIONS

Cas d'exclusion pour indignité.	6	7

RECENSEMENT

Devoir des jeunes gens, parents ou tuteurs.	7	8
Pénalités pour les omissions.	9	12

EXEMPTION

Exemption pour infirmités.	12	16

DISPENSES

Dispenses pour état civil, fils de veuve, etc.	12	17
— pour faiblesse de constitution.	13	18
— pour les élèves des écoles spéciales, les cultes, l'instruction.	14	19
— pour soutiens de famille.	17	22
— pour sursis d'appel.	17	23

RÉVISION

Droits et devoirs des jeunes gens devant le conseil de révision.	19	27

IMMATRICULATION

Déclarations auxquelles sont tenus tous les citoyens de vingt à quarante ans.	23	33

SERVICE

Durée du service dans l'armée active.	25	36
— dans la réserve.	»	»
— dans l'armée territoriale.	»	»
— dans l'armée de mer.	»	»
Mise en disponibilité.	28	40
Autorisation du mariage.	30	44

ENGAGEMENTS

Conditions de l'engagement volontaire.	31	46
Durée de l'engagement.	32	47
Engagement conditionnel d'un an.	35	53

DISPOSITIONS PÉNALES

Pour omission de déclaration.	38	59
Pour fraudes en matière de recensement.	»	60
Pour n'avoir pas répondu aux appels.	39	61
Pour complicité de fraude ou d'omissions.	40	62
Pour mutilation volontaire.	41	63

INSTRUCTION

Écoles régimentaires.	43	68
Emplois réservés aux sous-officiers.	44	71
Dispositions transitoires.	45	75
— rétroactives.	46	76

CONCLUSION

TEXTE DÉFINITIF DE LA NOUVELLE LOI

SUR LE

RECRUTEMENT DE L'ARMÉE

VOTÉE PAR L'ASSEMBLÉE NATIONALE LE 27 JUILLET 1872

EN DERNIÈRE LECTURE

AVEC NOTES EXPLICATIVES

AU-DESSOUS DE CHAQUE ARTICLE

TITRE PREMIER

DISPOSITIONS GÉNÉRALES

ARTICLE PREMIER. — Tout Français doit le service militaire personnel.

Le principe du service militaire personnel avait été proclamé dans la loi de l'an VI en ces termes : TOUT FRANÇAIS EST SOLDAT ET SE DOIT A LA DÉFENSE DE LA PATRIE. La loi actuelle ne fait donc que revenir à une disposition proclamée par la première République.

Art. 2. — Il n'y a dans les troupes françaises ni prime en argent, ni prix quelconque d'engagement.

Les primes d'engagement faisaient de l'armée une sorte de corps à part dans la nation; les vieux soldats s'immobilisaient dans les rangs et devenaient des rentiers d'un ordre spécial. Désormais l'armée sera la représentation vivante de la nation.

Art. 3. — Tout Français qui n'est pas déclaré impropre à tout service militaire, peut être appelé, depuis l'âge de vingt ans jusqu'à celui de quarante ans, à faire partie de l'armée active et des réserves, selon le mode déterminé par la loi.

Tout homme valide peut être, en cas de besoin, tenu de se rendre à l'appel de la Patrie, jusqu'à quarante ans; mais il est évident que ces obligations seront graduées suivant l'âge et la situation de chacun, ce qui, d'ailleurs, est parfaitement indiqué aux articles 36 et suivants.

ART. 4. — Le remplacement est supprimé.

**Les dispenses de service, dans les conditions spé-
ifiées par la loi, ne sont pas accordées à titre de
ibération définitive.**

Nul ne pourra, dorénavant, rejeter sur un autre la responsabilité
ui lui incombe. La loi veut bien accorder des facilités à ceux qui
m auront besoin, mais elle n'entend exempter personne d'un devoir.
Les jeunes gens qui auront obtenu des dispenses seront, en temps
de guerre, ou en cas de besoin, rappelés par le ministre et incorporés au même titre et dans les mêmes conditions que la classe à
aquelle ils appartiennent.

**Art. 5. — Les hommes présents au corps ne pren-
nent part à aucun vote.**

La discipline ne saurait s'accommoder des discussions politiques.
L'armée est chargée d'assurer la sécurité intérieure et extérieure du
pays, mais non de peser sur les destinées de la Patrie. Le vote
du soldat mène vite aux exigences du prétorien.

**ART. 6. — Tout corps organisé en armes est sou-
mis aux lois militaires, fait partie de l'armée et
relève, soit du ministre de la guerre, soit du ministre de la marine.**

Avec l'obligation du service militaire, les milices deviennent inutiles. L'armée active et les divers bans de la réserve contiennent
tous les hommes valides de vingt à quarante ans. — Il ne peut donc
plus exister de gardes nationales.

**ART. 7. — Nul n'est admis dans les troupes fran-
çaises s'il n'est Français.**

**Sont exclus du service militaire, et ne peuvent à
aucun titre servir dans l'armée :**

**1° Les individus qui ont été condamnés à une
peine afflictive ou infamante ;**

**2° Ceux qui, ayant été condamnés à une peine
correctionnelle de deux ans d'emprisonnement et
au-dessus, ont en outre été placés par le jugement
de condamnation sous la surveillance de la haute
police, et interdits, en tout ou en partie, des droits
civiques, civils ou de famille.**

Les étrangers voulant servir dans l'armée française sont incorporés dans un corps spécial nommé *légion étrangère.*

Le service obligatoire fait entrer dans les rangs tous les jeunes
gens, sans distinction ni exception ; il faut donc être très-sévère
pour les exclusions, afin d'éviter aux soldats le contact d'hommes
flétris par des condamnations infamantes.

TITRE II

DES APPELS

PREMIÈRE SECTION

DU RECENSEMENT ET DU TIRAGE AU SORT

ART. 8. — Chaque année, les tableaux de recensement des jeunes gens ayant atteint l'âge de vingt ans révolus dans l'année précédente et domiciliés dans le canton, sont dressés par les maires :

1° Sur la déclaration à laquelle sont tenus les jeunes gens, leurs parents ou leurs tuteurs;

2° D'office, d'après les registres de l'état civil et tous autres documents et renseignements.

Ces tableaux mentionnent dans une colonne d'observations la profession de chacun des jeunes gens inscrits.

Ces tableaux sont publiés et affichés dans chaque commune et dans les formes prescrites par les articles 63 et 64 du Code civil. La dernière publication doit avoir lieu au plus tard le 15 janvier.

Un avis publié dans les mêmes formes indique le lieu et le jour où il sera procédé à l'examen desdits tableaux et à la désignation, par le sort, du numéro assigné à chaque jeune homme inscrit.

Le tirage au sort est maintenu pour faciliter les opérations du classement. — Tout le monde *doit servir*, mais tout le monde *ne peut servir* dans les mêmes armes. Il faut un contingent spécial pour la marine, il faut plus longtemps pour former un cavalier ou un artilleur que pour former un fantassin. L'opération du tirage au sort est destinée à faciliter le classement des jeunes soldats sans qu'il y ait matière à récriminations. Ce classement s'opérera en tenant compte non seulement du numéro, mais aussi des aptitudes. C'est pour obtenir ce double résultat que la loi maintient le tirage au sort et l'indication des professions sur les listes de recrutement. Les jeunes gens seront donc classés dans les armes spéciales, suivant le rang qui leur aura été assigné par le tirage au sort.

ART. 9. — Les individus nés en France de parents étrangers, et les individus nés à l'étranger de parents étrangers naturalisés Français, et mineurs au moment de la naturalisation de leurs parents, concourent, dans les cantons où ils sont domiciliés, au tirage qui suit la déclaration faite par eux en vertu de l'article 9 du Code civil, et de l'article 2 de la loi du 7 février 1851.

Les individus déclarés Français en vertu de l'article 1er de la loi du 7 février 1851, concourent également, dans le canton où ils sont domiciliés, au tirage qui suit l'année de leur majorité, s'ils n'ont pas réclamé leur qualité d'étranger conformément à ladite loi.

Les uns et les autres ne sont assujettis qu'aux obligations de service de la classe à laquelle ils appartiennent par leur âge.

Toute personne née en France, même de parents étrangers, qui jouit des bénéfices de la nationalité française, doit supporter les charges de cette nationalité, à moins qu'elle n'ait déclaré à vingt et un ans, et par acte authentique, qu'elle entendait conserver sa nationalité étrangère.

Dans ce cas, elle évite l'incorporation, mais elle se trouve alors placée sous le coup de la législation spéciale régissant les étrangers domiciliés en France.

ART. 10. — Sont considérés comme légalement domiciliés dans le canton :

1° Les jeunes gens même émancipés, engagés, établis au dehors, expatriés, absents ou en état d'emprisonnement, si d'ailleurs leurs père, mère ou tuteur, ont leur domicile dans une des communes du canton, ou si leur père expatrié avait son domicile dans une desdites communes;

2° Les jeunes gens mariés dont le père, ou la mère à défaut de père, sont domiciliés dans le canton, à moins qu'ils ne justifient de leur domicile réel dans un autre canton;

4° Les jeunes gens mariés et domiciliés dans le canton, alors même que leur père ou leur mère n'y seraient pas domiciliés;

4° Les jeunes gens nés et résidant dans le canton qui n'auraient ni leur père, ni leur mère, ni tuteur;

5° Les jeunes gens résidant dans le canton, qui ne seraient dans aucun des cas précédents, et qui ne justifieraient pas de leur inscription dans un autre canton.

Le domicile légal des jeunes gens est chez leurs parents ou tuteurs.

Les jeunes gens émancipés par acte authentique ou par le mariage, sont également considérés domiciliés chez leurs parents ou leurs tuteurs, à moins qu'ils ne justifient avoir un domicile réel en dehors du canton habité par leurs parents ou tuteurs.

C'est donc au canton que doivent se dresser les listes de conscription; c'est au canton qu'elles doivent être affichées, et c'est au chef-lieu de canton que doivent se centraliser les listes préparatoires dressées dans chaque commune.

ART. 11. — Sont, d'après la notoriété publique, considérés comme ayant l'âge requis pour le tirage, les jeunes gens qui ne peuvent produire, ou n'ont pas produit avant le tirage, un extrait des registres de l'état civil constatant un âge différent, ou qui, à défaut de registres, ne peuvent prouver, ou n'ont pas prouvé leur âge, conformément à l'article 46 du Code civil.

En cas de disparution des registres de l'état civil, la notoriété publique peut servir à désigner les jeunes gens ayant l'âge requis pour le service militaire.

C'est à eux qu'incombe le soin de produire les pièces capables de démontrer que l'acte de notoriété publique leur assigne un âge différent de celui qu'ils ont réellement. — Les malheurs de l'invasion et les désastres de la Commune obligeront sans doute l'autorité à recourir fréquemment aux dispositions de l'article 11 de la présente loi.

ART. 12. — Si dans les tableaux de recensement, ou dans les tirages des années précédentes, des jeunes gens ont été omis, ils sont inscrits sur les tableaux de recensement de la classe qui est appelée après la découverte de l'omission, à moins qu'ils n'aient trente ans accomplis à l'époque de la clôture des tableaux.

Après cet âge, ils sont soumis aux obligations de la classe à laquelle ils appartiennent.

La prescription décennale couvre tous les délits; de plus, dans le cas dont il s'agit, l'État n'a aucun intérêt à incorporer un homme ayant dépassé trente ans. On compte qu'il faut deux ans au moins pour faire un soldat, et après la période d'instruction l'homme rentrerait dans l'armée territoriale avec la classe à laquelle il appartient; les avantages ne seraient pas en rapport avec les frais.

Après trente ans, les jeunes gens omis sur les listes sont réintégrés dans la classe à laquelle ils appartiennent, et sont tenus de concourir aux exercices et aux manœuvres; ils sont soumis à toutes les obligations de cette classe.

ART. 13. — Dans les cantons composés de plusieurs communes, l'examen des tableaux de recensement et le tirage au sort ont lieu au chef-lieu de canton, en séance publique, devant le sous-préfet assisté des maires du canton.

Dans les communes qui forment un ou plusieurs cantons, le sous-préfet est assisté du maire et de ses adjoints.

Dans les villes divisées en plusieurs arrondissements, le préfet ou son délégué est assisté d'un officier municipal de l'arrondissement.

Le tableau est lu à haute voix. Les jeunes gens, leurs parents ou ayants cause sont entendus dans leurs observations. Le sous-préfet statue après avoir pris l'avis des maires. Le tableau rectifié, s'il y a lieu, et définitivement arrêté, est revêtu de leurs signatures.

Dans les cantons composés de plusieurs communes, l'ordre dans lequel elles sont appelées pour le tirage est, chaque fois, indiqué par le sort.

Avec l'obligation du service personnel, les opérations préparatoires peuvent être considérablement simplifiées. Les erreurs ou omissions n'ont plus la même importance qu'elles avaient avec le service restreint. — Les réclamations pourront encore se produire utilement devant le conseil de révision. Toutefois, il est à désirer que les tableaux de recensement arrivent aussi exacts que possible devant le conseil de révision; les autorités municipales devront donc encourager leurs administrés à produire toutes leurs réclamations lors de la révision des listes.

ART. 14. — Le sous-préfet inscrit, en tête de la liste de tirage, les noms des jeunes gens qui se trouvent dans les cas prévus par l'article 60 de la présente loi.

Les premiers numéros leur sont attribués de droit.

Ces numéros sont, en conséquence, extraits de l'urne avant l'opération du tirage.

Les jeunes gens qui, appelés devant le conseil de révision, se sont abstenus de comparaître, qui ont été omis sur les listes de recensement et n'ont pas réclamé, ceux qui, par fraude, se sont fait exempter du service militaire, ceux qui ont été complices de fraudes ou manœuvres tendant à faire exempter indûment un jeune homme appelé au service, sont portés d'office en tête des listes de recensement, sans préjudice des peines plus graves qui peuvent leur être appliquées par les tribunaux.

ART. 15. — Avant de commencer l'opération du tirage, le sous-préfet compte publiquement les numéros et les dépose dans l'urne, après s'être assuré que leur nombre est égal à celui des jeunes gens appelés à y concourir; il en est fait la déclaration à haute voix.

Aussitôt, chacun des jeunes gens appelés dans l'ordre du tableau prend dans l'urne un numéro qui est immédiatement proclamé et inscrit. Les parents des absents, ou à leur défaut le maire de leur commune, tirent à leur place.

L'opération du tirage achevée est définitive.

Elle ne peut, sous aucun prétexte, être recommencée, et chacun garde le numéro qu'il a tiré ou qu'on a tiré pour lui.

Les jeunes gens qui ne se trouveraient pas pourvus de numéros seront inscrits à la suite, avec des numéros supplémentaires, et tireront entre eux pour déterminer l'ordre suivant lequel ils seront inscrits.

La liste par ordre de numéros est dressée à mesure que les numéros sont tirés de l'urne. Il y est fait mention des cas et des motifs d'exemption et de dispenses que les jeunes gens ou leurs parents ou les maires des communes se proposent de faire valoir devant le conseil de révision mentionné en l'article 27.

Le sous-préfet y ajoute ses observations.

La liste du tirage est ensuite lue, arrêtée et signée de la même manière que le tableau de recensement, et annexée avec ledit tableau au procès-verbal des opérations. Elle est publiée et affichée dans chaque commune du canton.

Les opérations du tirage au sort n'ont plus la même importance qu'elles avaient lorsque le service était restreint. Un bon numéro exemptait complétement du service militaire ; un mauvais prenait à un homme sept ans de sa vie. Aujourd'hui, il n'y a plus de mauvais numéros, il n'y a que des numéros un peu plus ou un peu moins bons ; tout le monde servira, mais les favorisés du sort resteront un peu moins longtemps sous les drapeaux. — Dès qu'il peut y avoir quelque inégalité dans le temps du service, il faut s'en rapporter au sort pour désigner les favorisés ; personne ne réclamera contre le hasard, tout le monde crierait contre la faveur, si on laissait à qui que ce soit le soin de désigner les hommes qui serviront un an ou deux de moins que les autres.

DEUXIÈME SECTION

DES EXEMPTIONS. — DES DISPENSES

ET DES SURSIS D'APPEL

ART. 16. — Sont exemptés du service militaire les jeunes gens que leurs infirmités rendent impropres à tout service actif ou auxiliaire dans l'armée.

Il importe de bien préciser les différences qui existent : 1° entre l'exemption et la dispense du service militaire ; 2° entre le service actif ou auxiliaire.

L'exemption libère complétement, à tout jamais.

La *dispense* ne libère pas, elle permet temporairement de ne pas faire de service actif. On ne peut jamais rappeler un *exempté* ; en cas de guerre, on peut rappeler tous les *dispensés*.

Le *service actif* comprend tout ce qui compose l'armée combattante proprement dite : infanterie, cavalerie, artillerie, génie, état-major.

Les *services auxiliaires* comprennent tout ce qui dépend de l'armée, sans prendre directement part aux opérations de guerre : un homme boiteux ferait un mauvais fantassin et pourrait faire un excellent infirmier ; un bossu ne pourrait être classé dans aucun corps de l'armée active, et il pourrait rendre de grands services comme comptable.

Il est indispensable de bien se pénétrer de ces distinctions pour se rendre compte des principales dispositions qui vont suivre.

ART. 17. — Sont dispensés du service d'activité en temps de paix :

1° L'aîné d'orphelins de père et de mère ;

2° Le fils unique ou l'aîné des fils, ou, à défaut de fils ou de gendre, le petit-fils unique ou l'aîné des petits-fils d'une femme actuellement veuve, ou d'une femme dont le mari a été légalement déclaré absent, ou d'un père aveugle ou entré dans sa soixante-dixième année ;

Dans les cas prévus par les deux paragraphes précédents, le frère puîné jouira de la dispense si le frère aîné est aveugle ou atteint de toute autre infirmité incurable qui le rende impotent ;

3° Le plus âgé des deux frères appelés à faire partie du même tirage, si le plus jeune est reconnu propre au service ;

4° Celui dont un frère sera dans l'armée active ;

5° Celui dont un frère sera mort en activité de service ou aura été réformé ou admis à la retraite pour blessures reçues dans un service commandé ou pour infirmités contractées dans les armées de terre et de mer.

La dispense accordée, conformément aux paragraphes 4 et 5 ci-dessus, ne sera appliquée qu'à un seul frère pour un même cas, mais elle se répétera dans la même famille autant de fois que les mêmes droits s'y reproduiront.

Le jeune homme omis, qui ne s'est pas présenté par lui ou ses ayants cause au tirage de la classe à laquelle il appartient, ne peut réclamer le bénéfice des dispenses indiquées par le présent article, si les causes de ces dispenses ne sont survenues que postérieurement à la clôture des listes.

Ces causes de dispenses doivent, pour produire leur effet, exister au jour où le conseil de révision est appelé à statuer.

Néanmoins, l'appelé ou l'engagé qui, postérieure-ment, soit à la décision du conseil de révision, soit au 1ᵉʳ juillet, soit à son incorporation, devient l'aîné d'orphelins de père et de mère, le fils unique ou l'aîné des fils, ou, à défaut du fils et du gendre, le petit-fils unique ou l'aîné des petits-fils d'une femme veuve, d'une femme dont le mari a été légalement déclaré absent, ou d'un père aveugle, est, sur sa demande, et pour le temps qu'il a encore à servir, renvoyé dans ses foyers en disponibilité, à moins qu'en raison de sa présence sous les drapeaux, il n'ait procuré la dispense de service à un frère puîné actuellement vivant.

Le bénéfice de la disposition du paragraphe précédent s'étend au militaire devenu fils aîné, ou petit-fils aîné de septuagénaire, par suite du décès d'un frère.

Les dispenses énoncées au présent article ne sont applicables qu'aux enfants légitimes.

Ainsi, l'aîné d'orphelins de père et de mère, le fils aîné de veuve, le frère cadet d'un homme sous les drapeaux, le frère d'un soldat mort en activité de service, ne sont plus EXEMPTÉS, mais seulement DISPENSÉS; la loi leur permet à titre provisoire de rester dans leurs foyers; elle les dispense du service actif, en les astreignant à certains exercices; mais il est bien entendu qu'en cas de guerre la dispense peut cesser, et que tous les dispensés compris dans les dispositions de l'article ci-dessus peuvent être appelés et soumis aux mêmes obligations que les jeunes gens de la classe à laquelle ils appartiennent.

ART. 18. — Peuvent être ajournés deux années de suite à un nouvel examen, les jeunes gens qui, au moment de la réunion du conseil de révision, n'ont pas la taille d'un mètre cinquante-quatre centimètres ou sont reconnus d'une complexion trop faible pour un service armé.

Les jeunes gens ajournés à un nouvel examen du conseil de révision sont tenus, à moins d'une autorisation spéciale, de se représenter au conseil de révision du canton devant lequel ils ont comparu.

Après l'examen définitif, ils sont classés, et ceux de ces jeunes gens reconnus propres soit au service armé, soit à un service auxiliaire, sont soumis, selon la catégorie dans laquelle ils sont placés, à toutes les obligations de la classe à laquelle ils appartiennent.

Cette disposition est entièrement nouvelle, et elle ne pouvait s'établir avec le système du service restreint. Il arrive souvent qu'un jeune homme grandisse jusqu'à vingt-deux ans, souvent aussi un homme délicat à vingt ans devient robuste à vingt-deux. Avec le service obligatoire, on peut laisser une grande latitude aux conseils de révision pour accorder des dispenses temporaires aux jeunes gens d'une complexion délicate. Les dispensés sont replacés en tête de la liste de l'année suivante; ils repassent à nouveau devant le conseil de révision; si leur constitution s'est modifiée, ils sont incorporés, sinon ils peuvent obtenir soit une prolongation de dispense, soit une libération définitive. Avec l'obligation du service personnel, les conseils de révision doivent éviter soigneusement d'envoyer au corps des jeunes gens ne pouvant constituer que des non-valeurs.

ART. 19. — Les élèves de l'École polytechnique et les élèves de l'École forestière sont considérés comme présents sous les drapeaux dans l'armée active pendant tout le temps par eux passé dans lesdites écoles.

Les lois d'organisation prévues par l'article 45 de la présente loi déterminent, pour ceux de ces jeunes gens qui ont satisfait aux examens de sortie et ne sont pas placés dans les armées de terre ou de mer, les emplois auxquels ils peuvent être appelés, soit dans la disponibilité, soit dans la réserve de l'armée active, soit dans l'armée territoriale, ou dans les services auxiliaires.

Les élèves de l'École polytechnique et de l'École forestière qui ne satisfont pas aux examens de sortie de ces écoles suivent les conditions de la classe de recrutement à laquelle ils appartiennent par leur âge; le temps passé par eux à l'École polytechnique ou à l'École forestière est déduit des années de service déterminées par l'article 36 de la présente loi.

Ainsi, les élèves de l'École polytechnique et de l'École forestière suivent les conditions de la classe à laquelle ils appartiennent ; seulement, afin de concilier les intérêts de l'État avec ceux du service obligatoire, ceux de ces jeunes gens qui satisfont aux examens de sortie de ces écoles, et sont employés à quelque service public, sont dispensés du service actif et considérés comme mis en disponibilité, ou comme appartenant à la réserve dans les conditions spécifiées par un règlement.

ART. 20. — Sont, à titre conditionnel, dispensés du service militaire :

1º Les membres de l'instruction publique, les élèves de l'École normale supérieure de Paris dont l'engagement de se vouer pendant dix ans à la carrière de l'enseignement aura été accepté par le recteur de l'Académie, avant le tirage au sort, et s'ils réalisent cet engagement;

2º Les professeurs des institutions nationales des sourds-muets et des institutions nationales des jeunes aveugles, aux mêmes conditions que les membres de l'instruction publique;

3º Les artistes qui ont remporté les grands prix de l'Institut, à condition qu'ils passeront à l'école de Rome les années réglementaires et rempliront toutes leurs obligations envers l'État;

4º Les élèves pensionnaires de l'École des langues

orientales vivantes et les élèves de l'École des chartes nommés après examen, à condition de passer dix ans tant dans lesdites écoles que dans un service public;

5° Les membres et novices des associations religieuses vouées à l'enseignement et reconnues comme établissements d'utilité publique, et les directeurs, maîtres-adjoints, élèves-maîtres des écoles fondées ou entretenues par les associations laïques, lorsqu'elles remplissent les mêmes conditions pourvu toutefois que les uns et les autres, avant le tirage au sort, aient pris devant le recteur de l'Académie l'engagement de se consacrer pendant dix ans à l'enseignement, et s'ils réalisent cet engagement dans un des établissements d'éducation religieuse ou laïque, à condition que cet établissement existe depuis deux ans ou renferme trente élèves au moins;

6° Les jeunes gens qui, sans être compris dans les paragraphes précédents, se trouvent dans les cas prévus par l'article 79 de la loi du 15 mars 1850, et par l'article 18 de la loi du 10 avril 1867, et ont, avant l'époque fixée pour le tirage, contracté devant le recteur le même engagement et aux mêmes conditions.

L'engagement de se vouer pendant dix ans à l'enseignement peut être réalisé par les instituteurs et par les instituteurs adjoints mentionnés au présent paragraphe 6, tant dans les écoles publiques que dans les écoles libres désignées à cet effet par le ministre de l'instruction publique, après avis du conseil départemental;

7° Les élèves ecclésiastiques désignés à cet effet par les archevêques et par les évêques, et les jeunes gens autorisés à continuer leurs études pour se vouer au ministère dans les cultes salariés par l'État, sous la condition qu'ils seront assujettis au service militaire, s'ils cessent les études en vue desquelles ils auront été dispensés, ou si, à vingt-six ans, les premiers ne sont pas entrés dans les ordres majeurs, et les seconds n'ont pas reçu la consécration.

Les élèves des écoles du Gouvernement et les membres des associations religieuses sont rangés dans la catégorie des jeunes gens *dispensés* conditionnellement du service militaire.

Comme *dispensés*, ils peuvent être soumis à l'incorporation en temps de guerre;

Comme *dispensés sous condition*, ils peuvent être incorporés même en temps de paix, s'ils cessent de remplir les fonctions qui ont motivé la dispense à eux accordée.

Cet article a pour but de concilier l'égalité devant le service obligatoire personnel, et les exigences des services de l'État.

Et, en effet, les exigences de l'instruction publique sont au moins aussi obligatoires que celles du service militaire.

Un instituteur qui, pendant dix ans, donne des leçons publiques, sert l'État comme le soldat.

De plus, l'instituteur peut devenir un des plus puissants agents du éveil de l'esprit militaire, détruit peu à peu par la lèpre du remplacement. Il est donc à désirer que les membres des écoles, dispensés du service actif soient cependant astreints à certains exercices, capables de leur faire acquérir les premières notions de l'art militaire.

Les jeunes gens se destinant aux cultes *reconnus par l'État* sont DISPENSÉS du service actif, mais à titre conditionnel, et ils seraient incorporés si la cause qui a motivé la *dispense* venait à cesser.

Il est à désirer que les dispensés de cette catégorie soient soumis à des études spéciales capables de les prédisposer à remplir utilement, en cas de guerre, les fonctions hospitalières, qui sont si nécessaires dans une armée.

ART. 21. — **Les jeunes gens liés au service dans les armées de terre ou de mer, en vertu d'un brevet ou d'une commission, et qui cessent leur service ;**

Les jeunes marins portés sur les registres matricules de l'inscription maritime, conformément aux régles prescrites par les articles 1, 2, 3, 4 et 5 de la loi du 25 octobre 1795 (3 brumaire an IV) qui se font rayer de l'inscription maritime ;

Les jeunes gens désignés à l'article 20 ci-dessus, qui cessent d'être dans une des positions indiquées audit article avant d'avoir accompli les conditions qu'il leur impose, sont tenus :

1° D'en faire la déclaration au maire de la commune dans les deux mois, et de retirer expédition de leur déclaration ;

2° D'accomplir dans l'armée active le service prescrit par la présente loi, et de faire ensuite partie des réserves selon la classe à laquelle ils appartiennent.

Faute par eux de faire la déclaration ci-dessus et de la soumettre au visa du préfet du département, dans le délai d'un mois, ils sont passibles des peines portées par l'article 60 de la présente loi.

Ils sont rétablis dans la première classe appelée après la cessation de leurs services, fonctions ou études ; mais le temps écoulé depuis la cessation de leurs services, fonctions ou études, jusqu'au moment de la déclaration, ne compte pas dans les années de service exigées par la présente loi.

Toutefois, est déduit du nombre d'années pendant lesquelles tout Français fait partie de l'armée active, le temps déjà passé au service de l'État
par les marins inscrits et par les jeunes gens liés au

service dans les armées de terre et de mer, en vertu d'un brevet ou d'une commission.

Nous avons indiqué la différence qui existe entre la *dispense* et *l'exemption* du service militaire. — L'article ci-dessus est une des applications de la règle que nous avons expliquée. Les jeunes gens qui ont été *dispensés* du service militaire, pour une cause quelconque, sont tenus à ce service dès que la cause qui les a dispensés cesse d'avoir son effet. — Le jeune marin qui cesse de naviguer, le jeune professeur qui abandonne l'instruction, le séminariste qui ne reçoit pas les ordres, etc., tombent sous l'application de la loi, et ils doivent faire une déclaration établissant leur nouvelle situation, afin d'être compris dans le premier contingent.

ART. 22. — Peuvent être dispensés à titre provisoire, comme soutiens indispensables de famille, et s'ils en remplissent effectivement les devoirs, les jeunes gens désignés par les conseils municipaux de la commune où ils sont domiciliés.

La liste est présentée au conseil de révision par le maire.

Ces dispenses peuvent être accordées par département, jusqu'à concurrence de 4 pour 100 du nombre des jeunes gens reconnus propres au service et compris dans la première partie des listes du recrutement cantonal.

Tous les ans, le maire de chaque commune fait connaître au conseil de révision la situation des jeunes gens qui ont obtenu les dispenses à titre de soutiens de famille pendant les années précédentes.

L'obligation du service personnel doit se concilier avec les exigences de l'humanité; en temps ordinaire, l'État ne peut ni ne doit songer à enlever aux familles l'enfant qui est leur unique gagne-pain. Cependant, pour empêcher les abus, la *dispense* du service ne sera accordée que jusqu'à concurrence de 4 pour 100 du contingent effectif. Donc, si dans un canton il se présente 300 jeunes gens de vingt ans, et qu'il n'en soit trouvé que 100 capables d'être incorporés, le chiffre des *dispensés* à titre de soutien de famille sera de *quatre*.

Il est bien entendu, de plus, qu'en cas de nécessité le dispensé comme soutien de famille peut être rappelé ainsi que tous les autres dispensés, et, de plus, si les causes qui ont motivé la dispense venaient à cesser, le dispensé comme soutien de famille pourrait être incorporé.

ART. 23. — En temps de paix, il peut être accordé des sursis d'appel aux jeunes gens qui, avant le tirage au sort, en auront fait la demande. A cet effet, ils doivent établir que, soit pour leur apprentissage, soit pour les besoins de l'exploitation agricole, industrielle ou commerciale à laquelle ils se livrent pour leur compte ou pour celui de leurs parents, il est indispensable qu'ils ne soient pas

enlevés immédiatement à leurs travaux.

Ce sursis d'appel ne confère ni exemption ni dispense;

Il n'est accordé que pour un an, et peut être néanmoins renouvelé pour une seconde année.

Le jeune homme qui a obtenu un sursis d'appel conserve le numéro qui lui est échu lors du tirage au sort, et, à l'expiration de son sursis, il est tenu de satisfaire à toutes les obligations que lui imposait la loi en raison de son numéro.

Le sursis accordé aux jeunes gens appartenant aux classes laborieuses est la juste contre-partie des faveurs accordées aux jeunes gens des classes aisées, qui peuvent, en subissant un examen et en supportant les frais de leur entretien, n'être enrégimentés que comme engagés volontaires. La loi cherche à être équitable pour tous et à concilier les intérêts de l'État aussi bien que ceux des familles.

ART. 24. — Les demandes de sursis, adressées au maire, sont instruites par lui; le conseil municipal donne son avis. Elles sont remises au conseil de révision et envoyées par duplicata au sous-préfet, qui les transmet au préfet, avec ses observations, et y joint tous les documents nécessaires.

Il peut être accordé, pour tout le département et par chaque classe, des sursis d'appel jusqu'à concurrence de 4 pour 100 du nombre des jeunes gens reconnus propres au service militaire dans ladite classe et compris dans la première partie des listes du recrutement cantonal.

Pour éviter les abus, les demandes de sursis doivent être instruites par ceux-là mêmes qui sont plus à même d'en reconnaître la justesse; de plus, le nombre étant limité, les droits de chaque postulant seront examinés avec plus d'attention, afin que le sursis soit bien accordé à ceux qui en ont le plus sérieusement besoin.

ART. 25. — Les jeunes gens dispensés du service d'activité en temps de paix, aux termes de l'article 17 de la présente loi; les jeunes gens dispensés à titre de soutiens de famille, ainsi que les jeunes gens auxquels il est accordé des sursis d'appel, sont astreints, par un règlement du ministre de la guerre, à certains exercices.

Quand les causes de dispenses viennent à cesser, ils sont soumis à toutes les obligations de la classe à laquelle ils appartiennent.

Les dispensés à différents titres représentent 12 pour 100 de chaque contingent valide : c'est donc environ 15 à 18,000 hommes qui, tous les ans, restent dans leurs foyers en raison d'une tolérance, soit pour deux ans 35 à 40,000 hommes. Il serait donc imprudent de laisser un nombre aussi considérable de jeunes gens valides sans aucune instruction militaire.

Les dispensés seront donc tenus à des exercices et à des manœuvres, qui compenseront dans une certaine mesure les enseignements professionnels qu'ils perdent en n'étant pas soumis à l'enrégimentation.

ART. 26. — Les jeunes gens dispensés du service de l'armée active, aux termes de l'article 17 ci-dessus, les jeunes gens dispensés à titre de soutiens de famille, ainsi que ceux qui ont obtenu des sursis d'appel, sont appelés, en cas de guerre, comme les hommes de leur classe.

L'autorité militaire en dispose alors selon les besoins des différents services.

En cas de guerre, il n'y a plus ni dispense ni sursis; le devoir de tout citoyen est de défendre la patrie : toutes les obligations s'effacent devant celle-là.

On voit donc que l'obligation du service militaire est bien réelle, et que la loi ne consacre en temps ordinaire que les facultés nécessaires pour assurer aux familles le moyen de vivre, aux jeunes gens le moyen de continuer leurs études et de se préparer à devenir des hommes utiles au pays.

TROISIÈME SECTION

DES CONSEILS DE RÉVISION ET DES LISTES DU RECRUTEMENT CANTONAL

ART. 27. — Les opérations du recrutement sont revues, les réclamations auxquelles ces opérations peuvent donner lieu sont entendues, les causes d'exemption et de dispense prévues par les articles 16, 17 et 20 de la présente loi, sont jugées en séance publique par un conseil de révision composé :

Du préfet, président, ou, à son défaut, du secrétaire général ou du conseiller de préfecture délégué par le préfet ;

D'un conseiller de préfecture désigné par le préfet

D'un membre du conseil général du département autre que le représentant élu dans le canton où la révision a lieu ;

D'un membre du conseil d'arrondissement également autre que le représentant élu dans le canton où la révision a lieu ;

Tous deux désignés par la commission permanente du conseil général, conformément à l'article 82 de la loi du 10 août 1871 ;

D'un officier général ou supérieur désigné par l'autorité militaire.

Un membre de l'intendance, le commandant du recrutement, un médecin militaire, ou, à défaut, un

lecin civil désigné par l'autorité militaire, assis-
t aux opérations du conseil de révision. Le mem-
de l'intendance est entendu dans l'intérêt de la
toutes les fois qu'il le demande, et peut faire
signer ses observations au registre des délibé-
.ons.

ə conseil de révision se transporte dans les divers
tons. Toutefois, suivant les localités, le préfet
t exceptionnellement réunir, dans le même lieu.
sieurs cantons pour les opérations du conseil.

ə sous-préfet, ou le fonctionnaire par lequel il
a été suppléé pour les opérations du tirage, as-
e aux séances que le conseil de révision tient dans
arrondissement.

a voix consultative.

əs maires des communes auxquelles appartien-
t les jeunes gens appelés devant le conseil de ré-
on assistent aux séances et peuvent être en-
dus.

, par suite d'une absence, le conseil de révision
se compose que de quatre membres, il peut déli-
ər, mais la voix du président n'est pas prépon-
ante. — La décision ne peut être prise qu'à la
orité de trois voix. En cas de partage, elle est
ırnée.

révision des listes de recrutement a lieu en présence des
es, qui peuvent présenter leurs observations. Le sous-préfet
les appuyer d'une façon efficace, puisqu'il a voix délibérative.
ɔi prend donc toutes les dispositions nécessaires pour que les
es intérêts soient sauvegardés.

RT. 28. — Les jeunes gens portés sur les ta-
ıux de recensement ainsi que ceux des classes
cédentes qui ont été ajournés conformément à
ticle 18 ci dessus sont convoqués, examinés et
əndus par le conseil de révision. Ils peuvent
s faire connaître l'arme dans laquelle ils dési-
t être placés.

ils ne se rendent pas à la convocation, ou s'ils
se font pas représenter, ou s'ils n'obtiennent pas
délai, il est procédé comme s'ils étaient présents.

ans le cas d'exemptions pour infirmités, le con-
ne prononce qu'après avoir entendu le médecin
assiste au conseil.

əs cas de dispenses sont jugés sur la production
documents authentiques et sur les certificats
iés de trois pères de famille domiciliés dans le
ne canton, dont les fils sont soumis à l'appel ou
été appelés. Ces certificats doivent, en outre,

être signés et approuvés par le maire de la commune du réclamant.

La substitution de numéros peut avoir lieu entre frères, si celui qui se présente comme substituant est reconnu propre au service par le conseil de révision.

Les jeunes gens appelés devant le conseil de révision peuvent présenter les observations qu'ils jugent convenables ; ils peuvent même indiquer l'arme dans laquelle ils désirent être placés, en faisant valoir les raisons qu'ils jugent convenables pour obtenir ce classement. Lorsque les jeunes gens qui désirent avoir des dispenses ou des sursis ne peuvent fournir des documents authentiques, ils peuvent se servir d'attestations signées par trois pères de famille domiciliés dans le canton et dont les fils sont soumis à l'appel. Les sursis ou les dispenses sont accordés au prorata du contingent valide de chaque canton. Tous les pères de famille d'un même canton sont donc intéressés à ce que ces sursis ou dispenses ne soient accordés qu'à ceux qui les méritent réellement. L'intérêt de chacun est la meilleure garantie qui puisse être donnée à l'État contre les déclarations mensongères ou complaisantes.

ART. 29. — Lorsque les jeunes gens portés sur les tableaux de recensement ont fait des réclamations dont l'admission ou le rejet dépend de la décision à intervenir sur des questions judiciaires relatives à leur état ou à leurs droits civils, le conseil de révision ajourne sa décision, ou ne prend qu'une décision conditionnelle.

Les questions sont jugées contradictoirement avec le préfet, à la requête de la partie la plus diligente. Les tribunaux statuent sans délai, le ministère public entendu.

Il peut se présenter qu'un jeune homme faisant partie d'un contingent ait un état civil irrégulier, qu'il ait introduit une instance à l'effet de revendiquer une nationalité étrangère, ou qu'il se trouve en butte à des poursuites de nature à modifier ses droits civils ; la solution de ces diverses questions est indispensable pour fixer l'opinion du conseil de révision. Dans ces divers cas, comme dans tous autres de même nature, le conseil de révision ajourne la décision, ou il la subordonne à celle qui sera prise par l'autorité judiciaire.

ART. 30. — Hors les cas prévus par l'article précédent, les décisions du conseil de révision sont définitives. Elles peuvent néanmoins être attaquées devant le Conseil d'État pour incompétence ou excès de pouvoirs.

Elles peuvent aussi être attaquées pour violation de la loi, mais par le ministre de la guerre seulement, et dans l'intérêt de la loi. Toutefois, l'annulation profite aux parties lésées.

Les décisions du conseil de révision sont définitives. On conçoit sans peine qu'il soit impossible de recommencer des opérations de ce genre. Cependant, les personnes qui se croient véritablement lésées peuvent en appeler *comme d'abus* au Conseil d'État. De plus, et au cas où il y aurait eu violation de la loi, le ministre de la guerre peut, en se conformant aux prescriptions réglementaires, faire annuler les décisions prises par un conseil de révision. Les décisions ainsi annulées profitent naturellement aux personnes à l'égard de qui elles avaient été prises illégalement.

ART. 31. — Après que le conseil de révision a statué sur les cas d'exemptions et sur ceux de dispenses, ainsi que sur toutes les réclamations auxquelles les opérations peuvent donner lieu, la liste du recrutement cantonal est définitivement arrêtée et signée par le conseil de révision.

Cette liste, divisée en cinq parties, comprend :

1° Par ordre de numéros de tirage, tous les jeunes gens déclarés propres au service militaire, et qui ne doivent pas être classés dans les catégories suivantes ;

2° Tous les jeunes gens dispensés en exécution de l'article 17 de la présente loi ;

3° Tous les jeunes gens conditionnellement dispensés en vertu de l'article 20, ainsi que les jeunes gens liés au service en vertu d'un engagement volontaire, d'un brevet ou d'une commission, et les jeunes marins inscrits ;

4° Les jeunes gens qui, pour défaut de taille ou pour toute autre cause, ont été dispensés du service dans l'armée active, mais ont été reconnus aptes à faire partie d'un des services auxiliaires de l'armée ;

5° Enfin les jeunes gens qui ont été ajournés à un nouvel examen du conseil de révision.

Les opérations du conseil de révision ont pour but : 1° d'opérer le triage entre les jeunes gens aptes au service et ceux qui ne le sont pas ; 2° de désigner, parmi les jeunes gens aptes au service militaire, quelles sont les aptitudes de chacun et quelles sont les causes qui motivent les dispenses accordées ; 3° d'indiquer quels sont les jeunes gens qui devront subir un nouvel examen. Les listes sont dressées de façon à répondre à toutes ces exigences.

ART. 32. — Quand les listes du recrutement de tous les cantons du département ont été arrêtées conformément aux prescriptions de l'article précédent, le conseil de révision, auquel sont adjoints deux autres membres du conseil général également désignés par la commission permanente, et réuni au chef-lieu du département, prononce sur les demandes de dispenses pour soutien de famille, sur les demandes de sursis d'appel.

Les demandes de dispenses et de sursis sont adressées au conseil de révision et instruites ainsi qu'il a été dit ci-dessus lors des opérations cantonales ; mais le conseil ne peut prononcer séance tenante sur les demandes qui lui sont adressées. Lorsque les opérations cantonales sont terminées, le conseil se réunit au chef-lieu du département, et il examine alors toutes les demandes qui lui ont été adressées. Il prononce souverainement sur chacune d'elles, après s'être adjoint deux conseillers généraux qui prennent part aux délibérations.

QUATRIÈME SECTION

DU REGISTRE MATRICULE

ART. 33. — Il est tenu par département, ou par circonscriptions déterminées dans chaque département, en vertu d'un règlement d'administration publique, un registre matricule, dressé au moyen des listes mentionnées en l'article 31 ci-dessus, et sur lequel sont portés tous les jeunes gens qui n'ont pas été déclarés impropres à tout service militaire ou qui n'ont pas été ajournés à un nouvel examen du conseil de révision.

Ce registre mentionne l'incorporation de chaque homme inscrit, ou la position dans laquelle il est laissé, et successivement tous les changements qui peuvent survenir dans sa situation, jusqu'à ce qu'il passe dans l'armée territoriale.

Tout homme valide reste porté sur le registre matricule de vingt à quarante ans : pendant cette période, on ne peut changer de domicile ou s'établir à l'étranger sans en faire la déclaration ; aussi, en cas de guerre, tous les contingents valides seraient vite rappelés à servir dans les situations qui leur incomberaient d'après la classe à laquelle ils appartiennent.

ART. 34. — Tout homme inscrit sur le registre matricule, qui change de domicile, est tenu d'en faire la déclaration à la mairie de la commune qu'il quitte et à la mairie du lieu où il vient s'établir.

Le maire de chacune des communes transmet, dans les huit jours, copie de ladite déclaration au bureau du registre matricule de la circonscription dans laquelle se trouve la commune.

Cet article s'applique à tout homme valide de vingt à quarante ans, qui, en France, transporterait son domicile d'une commune à une autre ; il est tenu d'en aviser le maire, et, faute par lui de le faire, en cas d'appel de la classe à laquelle il appartient, il serait considéré comme réfractaire et justiciable des tribunaux militaires.

ART. 35. — Tout homme, inscrit sur le registre matricule, qui entend se fixer en pays étranger, est tenu, dans sa déclaration à la mairie de la commune où il réside, de faire connaître le lieu où il va établir son domicile, et, dès qu'il y est arrivé, d'en prévenir l'agent consulaire de France. Le maire de la commune transmet, dans les huit jours, copie de ladite déclaration au bureau du registre matricule de la circonscription dans laquelle se trouve sa commune.

L'agent consulaire, dans les huit jours de la déclaration, en envoie copie au ministre de la guerre.

Il s'agit ici des Français âgés de vingt à quarante ans qui vont s'établir à l'étranger. Ils sont tenus, avant leur départ, de prévenir le maire de la commune dans laquelle ils résident, et, à leur arrivée en pays étranger, ils doivent faire une déclaration devant l'agent consulaire, afin que celui-ci puisse, en cas de besoin, les prévenir que la classe à laquelle ils appartiennent est rappelée. Tout Français résidant à l'étranger qui négligerait de remplir ces formalités, ou qui ne répondrait pas à l'appel à lui adressé par le consul, serait considéré comme réfractaire et déféré aux tribunaux militaires.

TITRE III

DU SERVICE MILITAIRE

ART. 36. — Tout Français qui n'est pas déclaré impropre à tout service militaire fait partie :

De l'armée active pendant cinq ans;

De la réserve de l'armée active pendant quatre ans ;

De l'armée territoriale pendant cinq ans;

De la réserve de l'armée territoriale pendant six ans.

1º L'armée active est composée, indépendamment des hommes qui ne se recrutent pas par les appels, de tous les jeunes gens déclarés propres à un des services de l'armée et compris dans les cinq dernières classes appelées;

2º La réserve de l'armée active est composée de tous les hommes également déclarés propres à un des services de l'armée et compris dans les quatre dernières classes appelées immédiatement avant celles qui forment l'armée active;

3º L'armée territoriale est composée de tous les hommes qui ont accompli le temps de service prescrit pour l'armée active et la réserve;

4º La réserve de l'armée territoriale est composée des hommes qui ont accompli le temps de service pour cette armée.

L'armée territoriale et la deuxième réserve sont formées par régions déterminées par un règlement d'administration publique; elles comprennent pour chaque région les hommes ci-dessus désignés aux §§ 3 et 4, et qui sont domiciliés dans la région.

Cet article est l'un des plus importants, le plus important même de la nouvelle loi; à vrai dire, il est à lui seul la nouvelle loi tout entière;

Il consacre l'obligation du service personnel;

Il détermine la durée du service;

Il indique les diverses transformations de ce service;

Enfin, il précise le mode d'incorporation pour l'armée active, la réserve et l'armée territoriale (landwher).

Ainsi, tout homme valide commence par être incorporé dans l'armée active où il PEUT être gardé cinq ans; mais, dans la pratique, il dépendra de lui, s'il justifie d'une instruction militaire suffisante, d'être renvoyé dans ses foyers beaucoup plus tôt. En moyenne, un homme qui voudra véritablement s'en donner la peine pourra, en trois ans, acquérir une instruction militaire suffisante.

Après avoir fait pendant cinq ans partie de l'armée active, l'homme passe dans la première réserve, dans laquelle il reste quatre ans : dans cette nouvelle situation, il peut se marier, mais il est passible, en temps de guerre, d'un rappel et d'une incorporation dans l'armée active.

Après ces neuf ans, l'homme passe dans l'armée territoriale (landwher), laquelle est organisée par régions.

Les exercices auxquels peut être tenue l'armée territoriale n'occasionneront donc que peu de déplacement aux hommes qui en feront partie; les compagnies, bataillons régionaux de l'armée territoriale, se trouveront correspondre ou à peu près aux divisions par communes, cantons et arrondissements. Les appels pour manœuvre ou mobilisation pourront donc s'effectuer avec la plus grande facilité.

On voit que cet article est celui qui doit attirer surtout l'attention des intéressés, car, en fait, il contient toutes les dispositions nouvelles de la loi.

ART. 37. — L'armée de mer est composée, indépendamment des hommes fournis par l'inscription maritime :

1º Des hommes qui auront été admis à s'engager volontairement ou à se rengager dans les conditions déterminées par un règlement d'administration publique ;

2º Des jeunes gens qui, au moment des opérations du conseil de révision, auront demandé à entrer dans un des corps de la marine, et auront été reconnus propres à ce service;

3º Enfin, et à défaut d'un nombre suffisant d'hommes compris dans les deux catégories précédentes, du contingent du recrutement affecté par décision du ministre de la guerre à l'armée de mer.

Ce contingent, fourni par chaque canton, dans la proportion fixée par ladite décision, est compos

de jeunes gens compris dans la première partie de la liste du recrutement cantonal, et auxquels seront échus les premiers numéros sortis au tirage au sort.

Un règlement d'administration publique déterminera les conditions dans lesquelles pourront avoir lieu les permutations entre les jeunes gens affectés à l'armée de mer et ceux de la même classe affectés à l'armée de terre.

Pour les hommes qui ne proviennent pas de l'inscription maritime, le temps de service actif dans l'armée de mer est de cinq ans et de deux ans dans la réserve.

Ces hommes passent ensuite dans l'armée territoriale.

Nous avons indiqué à l'article 8 pourquoi, malgré l'obligation du service personnel, il était indispensable de conserver le tirage au sort. L'article ci-dessus donne la preuve de cette nécessité. En effet, il faut assurer les services de l'armée de mer, aussi bien que ceux de l'armée de terre.

L'inscription maritime et les engagés volontaires ne peuvent suffire à maintenir au complet les effectifs des services de l'armée de mer; il faut donc, chaque année, prélever sur les contingents un certain nombre de jeunes gens. — S'ils étaient désignés directement par les autorités, civiles ou militaires, on crierait à l'arbitraire ; il faut donc s'en remettre au hasard du soin de désigner les jeunes gens qui seront destinés au service de l'armée de mer. — Sur chaque tirage au sort, les premiers numéros, jusqu'à concurrence du contingent nécessaire, seront affectés aux services maritimes.

On sait que les jeunes gens ayant négligé d'accomplir quelqu'une des formalités concernant le dressement des listes de recrutement sont portés d'office en tête de ces listes; ainsi tous les jeunes gens omis sur une liste antérieure, sont à l'avance compris dans le contingent de l'armée de mer.

L'incorporation dans la marine emporte avec elle un certain adoucissement; la durée n'est que de *sept ans*, au lieu de *neuf* ; ainsi, après avoir été à la disposition du ministre de la marine, pendant sept ans, dont deux dans la réserve, les jeunes gens faisant partie du contingent de mer passent dans l'armée territoriale ; de plus, et avant l'incorporation, la permutation est autorisée entre jeunes gens de la même classe; de telle sorte qu'un jeune homme ayant eu un des premiers numéros, et devant en conséquence faire partie du contingent de mer, peut permuter avec un autre jeune homme de la même classe ayant eu un numéro qui le place dans le contingent de l'armée de terre. — Cette facilité est un léger adoucissement à l'obligation du service personnel, et ne porte en somme aucun préjudice soit à l'État, soit au principe du service obligatoire.

ART. 38. — La durée du service compte du 1er juillet de l'année du tirage au sort.

Chaque année, au 30 juin, en temps de paix, les militaires qui ont achevé le temps de service prescrit dans l'armée active, ceux qui ont accompli lo temps de service prescrit dans la réserve de l'armée active, ceux qui ont terminé le temps de service prescrit pour l'armée territoriale, enfin ceux qui ont terminé le temps de service pour la réserve de cette armée, reçoivent un certificat constatant :

Pour les premiers, leur envoi dans la première réserve ;

Pour les seconds, leur envoi dans l'armée territoriale ;

Pour les troisièmes, leur envoi dans la deuxième réserve ;

Et, à l'expiration du temps de service dans cette réserve, les hommes reçoivent un congé définitif.

En temps de guerre, ils reçoivent ces certificats immédiatement après l'arrivée au corps des hommes de la classe destinée à remplacer celle à laquelle ils appartiennent.

Cette dernière disposition est applicable, en tout temps, aux hommes appartenant aux équipages de la flotte en cours de campagne.

En temps de paix, il est facile de régulariser la position des hommes à une date fixe ; en temps de guerre, il n'est pas toujours possible de le faire avec la même régularité. Devant l'ennemi, il importe de ne pas affaiblir l'armée, en congédiant les hommes libérables, avant d'avoir reçu ceux qui doivent les remplacer. C'est pourquoi on a dû subordonner l'époque de la libération à l'arrivée des hommes devant remplacer ceux qui ont fini leur temps.

Il est bien évident que l'on ne peut congédier l'équipage d'un navire que lorsque ce navire a reçu les hommes destinés à remplacer ceux qui sont congédiés.

En temps de paix comme en temps de guerre, c'est là une mesure de salut commun.

ART. 39. — Tous les jeunes gens de la classe appelée, qui ne sont pas exemptés pour cause d'infirmités, ou ne sont pas dispensés en application des dispositions de la présente loi, ou n'ont pas obtenu de sursis d'appel, ou ne sont pas affectés à l'armée de mer, font partie de l'armée active et sont mis à la disposition du ministre de la guerre.

Ces jeunes soldats sont tous immatriculés dans les divers corps de l'armée et envoyés, soit dans lesdits corps, soit dans des bataillons et écoles d'instruction.

Cet article ne fait que confirmer les dispositions de l'article 36 ; il renouvelle, en tant que de besoin, la déclaration du service obligatoire personnel.

ART. 40. — Après une année de service des jeunes soldats dans les conditions indiquées en l'article précédent, ne sont plus maintenus sous les drapeaux que les hommes dont le chiffre est fixé chaque année par le ministre de la guerre.

Ils sont pris par ordre de numéro sur la première partie de la liste du recrutement de chaque canton et dans la proportion déterminée par la décision du ministre; cette décision est rendue aussitôt après que toutes les opérations du recrutement sont terminées.

Cet article est le complément de l'article 36, et a une importance énorme; il prépare les armées de réserve, tout en allégeant autant que possible, pour les classes laborieuses qui sont aussi les plus nombreuses, les charges du service militaire.

Ainsi, les hommes qui auront eu ce que l'on appelait autrefois *un bon numéro*, pourront être rendus à la vie civile après un an de présence sous les drapeaux. — Mais pour cela, il faudra qu'ils justifient d'une instruction militaire déterminée. — Cette disposition sera pour les jeunes soldats le plus sûr encouragement à la bonne conduite et à l'application. Ces jeunes gens qui rentreront au bout d'un an dans leurs foyers constitueront des *réserves de soldats*, tandis que, sous l'empire des lois antérieures, on n'avait que des *réserves d'hommes*.

La possibilité de ne rester qu'un an au régiment constitue un avantage réel. C'est pourquoi il a fallu charger le sort de désigner ceux qui en pourraient profiter.

ART. 41. — **Nonobstant les dispositions de l'article précédent, le militaire compris dans la catégorie de ceux ne devant pas rester sous les drapeaux, mais qui, après l'année de service mentionnée audit article, ne sait pas lire et écrire, et ne satisfait pas aux examens déterminés par le ministre de la guerre, peut être maintenu au corps pendant une seconde année.**

Le militaire placé dans la même catégorie qui, par l'instruction acquise antérieurement à son entrée au service, et par celle reçue sous les drapeaux, remplit toutes les conditions exigées, peut, après six mois, à des époques fixées par le ministre de la guerre, et avant l'expiration de l'année, être envoyé en disponibilité dans ses foyers, conformément à l'article suivant.

Cet article explique à quelles conditions le jeune soldat ayant eu un bon numéro peut ne rester qu'un an sous les drapeaux; il faut : 1° qu'il justifie d'une instruction militaire suffisante; 2° qu'il sache lire et écrire; sinon, il peut être maintenu une année de plus au régiment.

La loi offre donc des encouragements sérieux à la bonne conduite et au désir d'apprendre; elle est à la fois juste et moralisatrice.

Elle offre même à ceux qui auront avant leur incorporation acquis une partie des connaissances exigées par les règlements, l'avantage de ne rester que six mois au régiment et d'être renvoyés dans leurs foyers, en position de disponibilité de l'armée active.

ART. 42. — Les jeunes gens qui, après le temps de service prescrit par les articles 40 et 41, ne sont pas maintenus sous les drapeaux, restent en disponibilité de l'armée active dans leurs foyers, et à la disposition du ministre de la guerre.

Ils sont, par un règlement du ministre, soumis à des revues et à des exercices.

Les jeunes gens qui ont profité des avantages offerts à l'instruction et à la bonne conduite par les articles 40 et 41, oublieraient vite ce qu'ils ont appris s'ils n'étaient maintenus en haleine par des travaux ultérieurs. Ils devront donc se présenter aux revues, assister aux exercices, et prendre part aux manœuvres qui auront lieu dans le corps d'armée auquel ils appartiennent, et cela autant de fois qu'il en aura été décidé par le ministre de la guerre.

ART. 43. — Les hommes envoyés dans la réserve de l'armée active restent immatriculés d'après le mode prescrit par la loi d'organisation.

Le rappel de la réserve de l'armée active peut être fait d'une manière distincte et indépendante pour l'armée de terre et pour l'armée de mer ; il peut également être fait par classe, en commençant par la moins ancienne.

Les hommes de la réserve de l'armée active sont assujettis, pendant le temps de service de ladite réserve, à prendre part à deux manœuvres.

La durée de chacune de ces manœuvres ne peut dépasser quatre semaines.

Nous avons vu que tout homme reste porté sur un livre matricule de vingt à quarante ans; après avoir quitté le régiment, il est placé dans les réserves et, comme tel, astreint à diverses obligations. Le premier ban de la réserve, ou réserve de l'armée active, est tenu à deux manœuvres, au moins d'un mois chaque. Ce qui, en fait, puisque le temps de service dans la réserve de l'armée active est de quatre ans, ne représente que quinze jours par an. — C'est une obligation qui ne saurait porter atteinte aux situations acquises.

ART. 44. — Les hommes en disponibilité de l'armée active, et les hommes de la réserve, peuvent se marier sans autorisation.

Les hommes mariés restent soumis aux obligations de service imposées aux classes auxquelles ils appartiennent.

Toutefois, les hommes en disponibilité ou en réserve qui sont pères de quatre enfants vivants passent de droit dans l'armée territoriale.

Tout homme qui a terminé son temps au régiment, qu'il soit resté six mois, un an, deux ans, ou cinq ans dans l'armée active, et qui a été classé dans la réserve de ladite armée, peut se marier sans autorisation.

Il reste soumis aux obligations de la classe à laquelle il appartient, mais s'il a quatre enfants, il est immédiatement classé dans l'armée territoriale, quel que soit d'ailleurs le temps qui reste à courir pour qu'il ait terminé son service, soit dans l'armée active, soit dans la première réserve.

ART. 45. — Des lois spéciales déterminent les bases de l'organisation de l'armée active et de l'armée territoriale, ainsi que des réserves.

La loi actuelle pose les bases générales de la nouvelle organisation; les détails seront définis par des règlements ministériels, ou par des lois spéciales.

TITRE IV

DES ENGAGEMENTS. — DES RENGAGEMENTS ET DES ENGAGEMENTS CONDITIONNELS D'UN AN.

PREMIÈRE SECTION

DES ENGAGEMENTS

ART. 46. — Tout Français peut être autorisé à contracter un engagement volontaire, aux conditions suivantes :

L'engagé volontaire doit :

1º S'il entre dans l'armée de mer, avoir seize ans accomplis, sans être tenu d'avoir la taille prescrite par la loi, mais sous la condition qu'à l'âge de dix-huit ans il ne pourra être reçu s'il n'a pas cette taille;

2º S'il entre dans l'armée de terre, avoir dix-huit ans accomplis et au moins la taille de 1 mètre 54 centimètres;

3º Savoir lire et écrire;

4º Jouir de ses droits civils;

5º N'être ni marié ni veuf avec enfants;

6º Être porteur d'un certificat de bonne vie et mœurs délivré par le maire de la commune de son dernier domicile; et, s'il ne compte pas au moins une année de séjour dans cette commune, il doit également produire un autre certificat du maire des communes où il a été domicilié dans le cours de cette année.

Le certificat doit contenir le signalement du jeune homme qui veut s'engager, mentionner la durée du temps pendant lequel il a été domicilié dans la commune et attester :

Qu'il jouit de ses droits civils;

Qu'il n'a jamais été condamné à une peine correctionnelle pour vol, escroquerie, abus de confiance ou attentat aux mœurs.

Si l'engagé a moins de vingt ans, il doit justifier du consentement de ses père, mère ou tuteur.

Ce dernier doit être autorisé par une délibération du conseil de famille.

Les conditions relatives, soit à l'aptitude militaire, soit à l'admissibilité dans les différents corps de l'armée, sont déterminées par un décret inséré au **BULLETIN DES LOIS.**

Bien que tout homme soit soumis à l'obligation du service militaire, il peut convenir à des jeunes gens de s'engager avant l'âge prescrit, ou de continuer à servir après avoir accompli leur temps de service. La loi devait prescrire dans quelles conditions pourraient avoir lieu ces engagements ou rengagements.

ART. 47. — La durée de l'engagement volontaire est de cinq ans.

Les années de l'engagement volontaire comptent dans la durée du service militaire fixée par l'article 36 ci-dessus.

En cas de guerre, tout Français qui a accompli le temps de service prescrit pour l'armée active et la réserve de ladite armée, est admis à contracter dans l'armée active un engagement pour la durée de la guerre.

Cet engagement ne donne pas lieu aux dispenses prévues par le paragraphe 4 de l'article 17 de la présente loi.

La durée de l'engagement volontaire est de cinq ans; et ces cinq années comptent dans la durée du service militaire.

Un jeune homme engagé à 18 ans, passera donc, deux ans avant les hommes de sa classe, dans la réserve et dans l'armée territoriale.

En cas de guerre, les hommes de l'armée territoriale (landwher) ayant, par conséquent, vingt-neuf ans, au moins, s'ils n'ont pas devancé l'appel, peuvent contracter un engagement dans l'armée active pour la durée de la guerre.

Les engagés volontaires, qu'ils restent au régiment, qu'ils soient réformés pour blessures reçues au service, ou qu'ils meurent devant l'ennemi, n'exemptent pas leurs frères cadets. Ils sont entrés au service par suite de leur bon vouloir, sans y être contraints par la loi; leur incorporation volontaire ne peut donc créer aucun droit de dispense en faveur de leur frère cadet.

ART. 48. — Les hommes qui, après avoir satisfait aux conditions des articles 40 et 41 de la présente loi, vont être renvoyés en disponibilité, peuvent être admis à rester dans ladite armée de manière à compléter cinq années de service.

Les hommes renvoyés en disponibilité peuvent être autorisés à compléter cinq années de service sous les drapeaux.

Chaque année, le ministre de la guerre peut ordonner la mise en disponibilité des jeunes gens qui, ayant eu les derniers numéros au tirage, auront, en outre, montré qu'ils ont acquis une instruction militaire suffisante.

Parmi ces jeunes gens, il peut s'en trouver qui préféreront rester au régiment et tenteront de gagner l'épaulette ; la loi permet à ceux-là de compléter les cinq ans de service exigés des hommes faisant partie de l'armée active.

ART. 49. — Les engagés volontaires, les hommes admis à rester dans l'armée active, ainsi que ceux qui, en disponibilité, ont été autorisés à compléter cinq années de service dans ladite armée, ne peuvent être envoyés en congé sans leur consentement.

Les hommes qui ont préféré rester au régiment plutôt que de retourner dans leurs foyers, pourraient se trouver sans ressources, s'ils étaient brusquement congédiés.

Ils ne recevront donc leur congé temporaire ou anticipé que sur leur demande.

ART. 50. — Les engagements volontaires sont contractés dans les formes prescrites par les articles 34, 35, 36, 37, 38, 39, 40, 42 et 44 du Code civil, devant les maires des chefs-lieux de canton.

Les conditions relatives à la durée des engagements sont insérées dans l'acte même.

Les autres conditions sont lues aux contractants avant la signature, et mention en est faite à la fin de l'acte, le tout sous peine de nullité.

Les engagements volontaires sont contractés devant les maires, et dans les formes prescrites par la loi.

Nul ne peut contracter un engagement volontaire s'il n'est majeur, libre de ses actes, n'ayant subi aucune condamnation infamante.

Les mineurs doivent être autorisés par leur père, mère ou tuteur.

DEUXIÈME SECTION

DES RENGAGEMENTS

ART. 51. — Des rengagements peuvent être reçus pour deux ans au moins et cinq ans au plus.

Ces rengagements ne peuvent être reçus que pendant le cours de la dernière année de service sous les drapeaux.

Ils sont renouvelables jusqu'à l'âge de vingt-neuf ans accomplis pour les caporaux et soldats, et jusqu'à

l'âge de trente-cinq ans accomplis pour les sous-officiers.

Les autres conditions sont déterminées par un règlement inséré au **BULLETIN DES LOIS.**

Les rengagements, après cinq ans de service sous les drapeaux, donnent droit à une haute paye.

Le grand écueil du service obligatoire, c'est la formation des cadres de sous-officiers; il est donc absolument indispensable d'offrir des avantages aux jeunes gens qui, après cinq ans de service, se rengageront; c'est pourquoi la loi assure une haute paye aux rengagés ayant accompli leurs cinq ans, et pourquoi aussi elle pousse la limite du rengagement jusqu'à trente-deux ans pour les sous-officiers.

Cette limite est rationnelle; l'État n'a pas intérêt à immobiliser dans les rangs des vieux sous-officiers qui empêcheraient le renouvellement de se faire, par l'admission de jeunes gens appartenant à chaque classe. A trente-deux ans, un homme est encore assez jeune pour prendre de nouvelles habitudes, et pour remplir très-utilement des fonctions nouvelles auxquelles il aura été préparé d'ailleurs par la discipline militaire, et il est assez âgé pour ne rien oublier de ce qu'il aura appris au régiment; le corps des anciens sous-officiers ayant servi douze ans pourra donc fournir d'excellents cadres pour l'armée territoriale.

ART. 52. — Les engagements prévus à l'article 48 de la présente loi et les rengagements sont contractés devant les intendants ou sous-intendants militaires, dans la forme prescrite dans l'article 50 ci-dessus, sur la preuve que le contractant peut rester ou être admis dans le corps pour lequel il se présente.

Les hommes qui ont eu un des derniers numéros au tirage, et qui, après une incorporation de six mois ou un an, ont satisfait aux épreuves exigées pour justifier du degré d'avancement de leur instruction militaire, peuvent être renvoyés dans leurs foyers, *en disponibilité*, sont autorisés à contracter un engagement. Ils passent l'acte devant l'autorité militaire, et non plus devant l'autorité civile. En effet, avant l'incorporation, l'homme relève exclusivement de l'autorité civile, et c'est devant elle qu'il est tenu de justifier qu'il est dans l'un des cas prévus par la loi et autorisant l'engagement; après l'incorporation, l'homme relève exclusivement de l'autorité militaire.

TROISIÈME SECTION

DES ENGAGEMENTS CONDITIONNELS D'UN AN

ART. 53. — Les jeunes gens qui ont obtenu des diplômes de bacheliers ès lettres, de bacheliers ès sciences, des diplômes de fin d'études, ou des bra

vets de capacité institués par les articles 4 et 6 de la loi du 21 juin 1865; ceux qui font partie de l'Ecole centrale des arts et manufactures, des Écoles nationales des arts et métiers, des Écoles nationales des beaux-arts, du Conservatoire de musique, les élèves des Écoles nationales vétérinaires et des Écoles nationales d'agriculture; les élèves externes de l'École des mines, de l'École des ponts et chaussées, de l'École du génie maritime, et les élèves de l'École des mineurs de Saint-Etienne, sont admis, avant le tirage au sort, lorsqu'ils présentent les certificats d'études émanés des autorités désignées par un règlement inséré au BULLETIN DES LOIS, à contracter dans l'armée de terre des engagements conditionnels d'un an, selon le mode déterminé par ledit règlement.

L'engagement volontaire d'un an que peuvent contracter, après examen, les jeunes gens qui se destinent aux carrières libérales, est la juste compensation du *sursis* et des *dispenses* accordés aux soutiens de famille, aux jeunes gens dont la présence est utile pour une exploitation industrielle ou agricole, à ceux qui n'ont pas terminé leur apprentissage. La loi veut que le service soit obligatoire pour tous, mais elle ne veut pas réduire les familles à la misère en leur enlevant leur unique gagne-pain, ni porter un coup funeste aux carrières scientifiques et libérales, qui intéressent la fortune, la prospérité, la grandeur du pays.

L'armée devient l'école militaire de la nation; tout le monde doit y passer pour acquérir une instruction suffisante; il serait imprudent de surcharger le budget de frais inutiles en gardant sous les drapeaux des jeunes gens qui, en raison des connaissances acquises, peuvent apprendre en un an ce qui demandera deux ans de travail à un esprit moins avancé, à un corps moins délié.

L'engagé volontaire, en dehors des qualités requises pour être admis à subir l'examen, en dehors de l'obligation de sortir victorieux de cette épreuve, est encore tenu de s'entretenir, de s'équiper, de s'armer à ses frais. L'Etat lui offre le moyen d'acquérir en un an l'instruction militaire que doit posséder tout Français, mais il lui fait payer les leçons. La nouvelle loi, bien différente en cela de celles qui l'ont précédée, étend surtout sa sollicitude sur les classes nécessiteuses et augmente les charges des classes aisées, ce qui est de toute justice. C'est à ceux qui ont le plus de bien-être que doit incomber le soin de supporter les plus lourdes charges.

ART. 54. — Indépendamment des jeunes gens indiqués en l'article précédent, sont admis, avant le tirage au sort, à contracter un semblable engagement, ceux qui satisfont à un des examens exigés par les différents programmes préparés par le ministre de la guerre et approuvés par décrets rendus dans la forme des règlements d'administration publique. — Ces décrets seront insérés au BULLETIN DES LOIS

Le ministre de la guerre fixe chaque année le nombre des engagements conditionnels d'un an spécifiés au présent article. Ce nombre est réparti par régions déterminées conformément à l'article 36 ci-dessus, et proportionnel au nombre de jeunes gens inscrits sur les tableaux de recensement de l'année précédente.

Si au moment, où les jeunes gens mentionnés au présent article et à l'article précédent se présentent pour contracter un engagement d'un an, ils ne sont pas reconnus propres au service, ils sont ajournés, et ne peuvent être incorporés que lorsqu'ils remplissent toutes les conditions voulues.

L'article 53 ne crée pas un droit exclusif en faveur des jeunes gens ayant obtenu leurs diplômes scolaires ou académiques; elle leur permet de se présenter aux épreuves désignées par le ministre; les jeunes gens qui, sans être bacheliers ou sans appartenir à l'une des facultés scientifiques désignées à l'article 53, satisferont à tous les examens, pourront, eux aussi, contracter un engagement volontaire d'un an.

Le nombre des engagés est limité, et ce sont ceux qui auront subi les meilleurs examens qui seront admis à jouir de cette faculté; c'est là un excitant puissant pour les dernières années d'études, et il n'est pas douteux que le niveau de l'instruction ne s'élève rapidement lorsque les jeunes gens verront luire à leurs yeux, comme reconnaissance de leur application pendant les dernières années d'études scolaires, la possibilité de contracter un engagement d'un an, de diminuer le temps de l'incorporation, d'en alléger les années et de gagner en peu de temps les galons ou l'épaulette du landwherien.

ART. 55. — L'engagé volontaire d'un an est habillé, monté, équipé et entretenu à ses frais.

Toutefois, le ministre de la guerre peut exempter de tout ou partie des obligations déterminées au paragraphe précédent, les jeunes gens qui ont donné dans leur examen des preuves de capacité et justifient, dans les formes prescrites par le règlement, être dans l'impossibilité de subvenir aux frais résultant de ces obligations.

L'engagé volontaire suffit à toutes ses dépenses d'entretien, d'équipement et d'armement; il passe des examens, il subit toutes les obligations de la vie militaire, et, de plus, il n'est libéré, après un an de service, qu'après avoir passé un nouvel examen justifiant que son instruction militaire est suffisante. L'Etat pourra utiliser comme il lui conviendra le mieux les aptitudes et les études des engagés volontaires; l'étudiant en médecine, l'élève vétérinaire seront évidemment affectés plus spécialement aux services administratifs qu'aux exercices militaires.

ART. 56. — L'engagé volontaire d'un an est incorporé et soumis à toutes les obligations de service imposées aux hommes présents sous les drapeaux.

Il est astreint aux examens prescrits par le ministre de la guerre.

Si, après un an de service, l'engagé volontaire d'un an ne satisfait pas à ces examens, il est obligé de rester une seconde année au service, aux conditions déterminées dans le règlement prévu par l'article 53.

Si, après cette seconde année, l'engagé volontaire ne satisfait pas à ces examens, il est, par décision du ministre de la guerre, déclaré déchu des avantages réservés aux volontaires d'un an, et il reste soumis aux mêmes obligations que celles imposées aux hommes de la première partie de la classe à laquelle il appartient par son engagement.

Il en est de même pour le volontaire qui, pendant la première ou la seconde année, a commis des fautes graves et répétées contre la discipline.

Dans tous les cas, le temps passé dans le volontariat compte en déduction de la durée du service prescrite par l'article 36 de la présente loi.

En temps de guerre, l'engagé volontaire d'un an est maintenu au service.

En cas de mobilisation, l'engagé volontaire d'un an marche avec la première partie de la classe à laquelle il appartient par son engagement.

L'État, tout en consacrant le principe du service obligatoire, doit veiller scrupuleusement à n'entraver en rien les études des jeunes gens qui se destinent aux carrières libérales, industrielles ou scientifiques.

L'engagé d'un an qui aura besoin d un sursis pour terminer ses études pourra donc l'obtenir. Ce sursis ne peut aller au delà de vingt-trois ans. La raison en est simple : l'incorporation effective cesse a vingt-cinq ans, il faut deux ans en moyenne pour acquérir l'instruction militaire ; on ne peut donc accorder aucune facilité après vingt-trois ans.

ART. 57. — **Dans l'année qui précède l'appel de leur classe, les jeunes gens mentionnés dans l'article 53 qui n'auraient pas terminé les études de la Faculté ou des écoles auxquelles ils appartiennent, mais qui voudraient les achever dans un laps de temps déterminé. peuvent, tout en contractant l'engagement d'un an, obtenir de l'autorité militaire un sursis avant de se rendre au corps pour lequel ils se sont engagés. Le sursis peut leur être accordé jusqu'à l'âge de vingt-quatre ans accomplis.**

Cette disposition a pour but de permettre aux jeunes gens qui se destinent aux carrières libérales de recourir au sursis d'appel pour ne pas interrompre leurs études. Ce sursis d'appel ne leur enlève pas le droit de contracter un engagement volontaire, il proroge seulement l'âge auquel l'engagement doit être contracté.

On voit, par là, que la loi a cherché à concilier les intérêts des

sciences, des arts, des professions libérales, avec les exigences du
service obligatoire personnel.

ART. 58. — Après que les engagés volontaires
d'un an ont satisfait à tous les examens exigés par
l'article 56, ils peuvent obtenir des brevets de sous-
officier ou des commissions au moins équivalentes.

Les lois spéciales prévues par l'article 45 déterminent l'emploi de ces jeunes gens, soit dans l'armée
active, soit dans la disponibilité, soit dans la réserve
de l'armée active, soit dans l'armée territoriale, ou
dans les différents services auxquels leurs études les
ont plus spécialement destinés.

Le grand écueil du service obligatoire, c'est la formation des
cadres; les jeunes engagés volontaires ayant satisfait à toutes les
épreuves exigées par le règlement peuvent former une pépinière de
bons sous-officiers d'armée, d'administration ou de santé. — Ces
dispositions seront réglées par une loi spéciale La loi actuelle est
une loi de recrutement, mais non une loi d'organisation; elle précise
les obligations générales; les détails du service seront déterminés
par des lois et règlements spéciaux.

TITRE V

DISPOSITIONS PÉNALES

ART. 59. — Tout homme inscrit sur le registre
matricule, qui n'a pas fait les déclarations de chan-
gement de domicile prescrites par les articles 34 et
35 de la présente loi, est déféré aux tribunaux ordinaires, et puni d'une amende de 10 francs à
200 francs; il peut en outre être condamné à un
emprisonnement de quinze jours à trois mois.

En temps de guerre, la peine est double.

L'obligation du service militaire atteint tous les citoyens de vingt
à quarante ans; en temps de guerre, les dispenses, les sursis, les facilités de toutes sortes disparaissent; il faut donc que l'autorité militaire sache constamment où résident les hommes qui peuvent être
appelés d'un jour à l'autre. Nul ne pourra donc, de vingt à quarante
ans, changer de domicile légal sans faire devant l'autorité compé-
tente une déclaration faisant connaître le lieu où il transporte son
nouveau domicile.

ART. 60. — Toutes fraudes ou manœuvres par
suite desquelles un jeune homme a été omis sur les
tableaux de recensement ou sur les listes du tirage,
sont déférées aux tribunaux ordinaires et punies
d'un emprisonnement d'un mois à un an.

Sont déférés aux mêmes tribunaux et punis de la même peine :

1° Les jeunes gens appelés qui, par suite d'un concert frauduleux, se sont abstenus de comparaître devant le conseil de révision;

2° Les jeunes gens qui, à l'aide de fraudes ou manœuvres, se sont fait exempter ou dispenser par un conseil de révision, sans préjudice des peines plus graves en cas de faux.

Les auteurs ou complices seront punis des mêmes peines.

Si le jeune homme omis a été condamné comme auteur ou complice de fraudes ou manœuvres, les dispositions de l'article 14 lui seront appliquées lors du premier tirage qui aura lieu après l'expiration de sa peine.

Le jeune homme indûment exempté ou indûment dispensé, est rétabli en tête de la première partie de la classe appelée, après qu'il a été reconnu que l'exemption ou la dispense avait été indûment accordée.

Bien que les fraudes ou omissions aient une importance moindre avec l'obligation du service personnel que sous tout autre régime, il est important d'établir une pénalité sévère à l'égard de ceux qui cherchent à esquiver tout ou partie des obligations qui leur incombent. Les jeunes gens qui se sont rendus coupables de fraudes ou d'omissions, qui ont aidé à l'accomplissement de ces délits, sont portés d'office en tête de la liste de recrutement, et par conséquent classés dans les services de mer réputés comme plus pénibles que les services de terre. Ceci, bien entendu, en dehors des peines plus graves édictées par la loi.

ART. 61. — Tout homme inscrit sur le registre matricule au domicile duquel un ordre de route a été régulièrement notifié, et qui n'est pas arrivé à sa destination au jour fixé par cet ordre, est, après un mois de délai, et hors le cas de force majeure, puni, comme insoumis, d'un emprisonnement d'un mois à un an en temps de paix, et de deux ans à cinq ans en temps de guerre. Dans ce dernier cas, à l'expiration de sa peine, il est envoyé dans une compagnie de discipline.

En temps de guerre, les noms des insoumis sont affichés dans toutes les communes du canton de leur domicile; ils restent affichés pendant toute la durée de la guerre.

Ces dispositions sont applicables à tout engagé volontaire qui, sans motifs légitimes, n'est pas arrivé à sa destination dans le délai fixé par sa feuille de route.

En cas d'absence du domicile, et lorsque le lieu

de la résidence est inconnu, l'ordre de route est notifié au maire de la commune dans laquelle l'appelé a concouru au tirage.

A l'égard des appelés, le délai d'un mois sera porté :

1° A deux mois, s'ils demeurent en Algérie, dans les îles voisines des contrées limitrophes de la France ou en Europe;

2° A six mois, s'ils demeurent dans tout autre pays.

L'insoumis est jugé par le conseil de guerre de la division militaire dans laquelle il est arrêté.

Le temps pendant lequel l'engagé volontaire ou l'homme inscrit sur le registre matricule aura été insoumis ne compte pas dans les années de service exigées.

De vingt à quarante ans, tout homme valide est inscrit sur le registre matricule; il peut, en temps de paix, être appelé avec les hommes de sa classe pour les exercices ou manœuvres auxquels sont astreintes la réserve et l'armée territoriale. En temps de guerre, il peut être appelé à un service actif. Tout homme peut donc, de vingt à quarante ans, recevoir une feuille de route ; — il doit être rendu au lieu désigné sur cette feuille au jour et à l'heure qui lui sont fixés. Les cas de force majeure doivent être justifiés par des pièces authentiques, visées et légalisées par les autorités compétentes.

ART. 62. — Quiconque est reconnu coupable d'avoir recélé ou d'avoir pris à son service un insoumis, est puni d'un emprisonnement qui ne peut excéder six mois. Selon les circonstances, la peine peut être réduite à une amende de vingt à deux cents francs.

Quiconque est convaincu d'avoir favorisé l'évasion d'un insoumis, est puni d'un emprisonnement d'un mois à un an.

La même peine est prononcée contre ceux qui, par des manœuvres coupables, ont empêché ou retardé le départ des jeunes soldats.

Si le délit a été commis à l'aide d'un attroupement, la peine sera double.

Si le délinquant est fonctionnaire public, employé du Gouvernement ou ministre d'un culte salarié par l'État, la peine peut être portée jusqu'à deux années d'emprisonnement, et il est en outre condamné à une amende qui ne pourra excéder deux mille francs.

Tout homme ayant reçu une feuille de route, et ne s'étant pas rendu à l'appel qui lui a été adressé, est déclaré insoumis. L'article 61 indique les peines qu'il encourt pour sa désobéissance. L'article 62 indique à quoi s'exposent ceux qui favorisent ou excitent l'insoumission. La peine édictée contre les complices de l'insoumis est de plus en plus sévère, suivant la position des délinquants. La peine peut n'être que d'une amende de vingt à deux cents francs, si les circonstances militent en faveur du coupable; — elle peut s'élever à deux ans de prison et deux mille francs d'amende s'il s'agit d'un fonctionnaire public.

Une pauvre femme ayant caché son fils insoumis est évidemment moins coupable qu'un maire, un sous-préfet, ou tout autre fonctionnaire ayant favorisé l'insoumission de ses administrés.

ART. 63. — Tout homme qui est prévenu de s'être rendu impropre au service militaire, soit temporairement, soit d'une manière permanente, dans le but de se soustraire aux obligations imposées par la présente loi, est déféré aux tribunaux, soit sur la demande des conseils de révision, soit d'office, et, s'il est reconnu coupable, il est puni d'un emprisonnement d'un mois à un an.

Sont également déférés aux tribunaux et punis de la même peine, les jeunes gens qui, dans l'intervalle de la clôture de la liste cantonale à leur mise en activité, se sont rendus coupables du même délit.

A l'expiration de leur peine, les uns et les autres sont mis à la disposition du ministre de la guerre, pour tout le temps du service militaire qu'ils doivent à l'État, et peuvent être envoyés dans une compagnie de discipline.

La peine portée au présent article est prononcée contre les complices.

Si les complices sont des médecins, chirurgiens, officiers de santé ou pharmaciens, la durée de l'emprisonnement est de deux mois à deux ans, indépendamment d'une amende de deux cents francs à mille francs qui peut aussi être prononcée, et sans préjudice de peines plus graves dans les cas prévus par le code pénal.

La loi doit punir sévèrement tous ceux qui, volontairement, se mutilent pour se rendre impropres au service militaire; elle doit également frapper ceux qui ont prêté leur concours à ces manœuvres. Au reste, ces agissements deviendront nuls lorsque l'on aura reconnu qu'ils ne servent à rien. — Avec l'obligation du service personnel, il sera facile de trouver un service auxiliaire, dans lequel les gens condamnés pour s'être mutilés seront incorporés à l'expiration de la peine qu'ils auront subie.

Les jeunes gens reconnaîtront vite que c'est être dupe que de se blesser volontairement pour arriver à faire exactement le même temps de service, et dans des conditions plus pénibles que dans l'armée active.

ART. 64. — Ne compte pas pour les années de service exigées par la présente loi, le temps pendant lequel un militaire a subi la peine de l'emprisonnement en vertu d'un jugement.

Tout citoyen doit passer un temps déterminé sous les drapeaux.

Ce serait offrir une prime à l'inconduite que de compter l'emprisonnement dans le temps du service.

ART. 65. — Tout fonctionnaire ou officier public, civil ou militaire, qui, sous quelque prétexte que ce soit, a autorisé ou admis des exemptions, dispenses ou exclusions autres que celles déterminées par la présente loi, ou qui aura donné arbitrairement une extension quelconque, soit à la durée, soit aux règles ou conditions des appels, des engagements ou des rengagements, sera coupable d'abus d'autorité, et puni des peines portées dans l'article 185 du Code pénal, sans préjudice des peines plus graves prononcées par ce Code dans les autres cas qu'il a prévus.

Les maires, préfets, sous-préfets, conseillers, etc., etc., qui auront sciemment facilité à des jeunes gens l'obtention de dispenses, exemptions, ou qui les auront frappés d'exclusions non justifiées, seront punis d'une amende de deux à cinq cents francs, — et de l'exclusion de toute fonction publique pendant cinq ans au moins et vingt ans au plus.

En cas de corruption, vénalité, etc., la peine peut être aggravée d'un emprisonnement de plusieurs mois.

ART. 66. — Les médecins, chirurgiens ou officiers de santé qui, appelés au conseil de révision à l'effet de donner leur avis, conformément aux articles 16, 18, 28, ont reçu des dons ou agréé des promesses pour être favorables aux jeunes gens qu'ils doivent examiner, sont punis d'un emprisonnement de deux mois à deux ans.

Cette peine leur est appliquée, soit qu'au moment des dons ou promesses ils aient déjà été désignés pour assister au conseil, soit que les dons ou promesses aient été agréés dans la prévoyance des fonctions qu'ils auraient à y remplir.

Il leur est défendu, sous la même peine, de rien recevoir, même pour une exemption ou réforme justement prononcée.

La loi punit sévèrement les fonctionnaires, civils ou militaires, qui ont autorisé ou admis des dispenses, des exemptions ou des exclusions, en dehors de celles précisées par le réglement. — Les médecins, chirurgiens ou officiers de santé, qui ont facilité la réforme illicite des jeunes gens appelés, sont punis plus sévèrement encore. — La mission des hommes de l'art est une mission de confiance ; le conseil de révision doit s'en rapporter à leur appréciation scientifique ; il faut donc, dans l'intérêt des familles, que les médecins attachés aux comités de recrutement soient inaccessibles à toute promesse, tendant à leur faire exprimer un diagnostic inexact

ART. 67. — Les peines prononcées par les articles 60, 62 et 63 sont applicables aux tentatives des délits prévus par ces articles.

Dans le cas prévu par l'article 66, ceux qui ont fait des dons et promesses sont punis des peines portées par ledit article contre les médecins, chirurgiens ou officiers de santé.

La loi punit les tentatives de fraudes aussi sévèrement que les fraudes accomplies.

Les peines appliquées aux fonctionnaires coupables atteignent ceux qui les ont excités à commettre le délit.

ART. 68. — Dans tous les cas non prévus par les dispositions précédentes, les tribunaux civils et militaires, dans les limites de leur compétence, appliqueront les lois pénales ordinaires aux délits auxquels pourra donner lieu l'exécution du mode de recrutement déterminé par la présente loi.

Dans tous les cas où la peine d'emprisonnement est prononcée par la présente loi, les juges peuvent, suivant les circonstances, user de la faculté exprimée par l'article 463 du Code pénal.

Les tribunaux civils et militaires connaissent de toutes les irrégularités ou fraudes commises dans l'application de la présente loi, et qui ne sont pas spécifiées dans l'un des articles qui la composent.

Toutes les fois que la peine de l'emprisonnement résulte de la non observation de l'un des articles de la présente loi, les juges peuvent, si les circonstances paraissent atténuantes, réduire l'emprisonnement au-dessous de six jours, et l'amende au-dessous de seize francs, et même substituer l'amende à l'emprisonnement, ainsi que le permettent les dispositions finales de l'article 463 du Code pénal.

DISPOSITIONS PARTICULIÈRES

ART. 69. — Les jeunes gens appelés à faire partie de l'armée, en exécution de la présente loi, outre l'instruction nécessaire à leur service, reçoivent dans leur corps, et suivant leurs grades, l'instruction prescrite par un règlement du ministre de la guerre.

L'instruction obligatoire, est le juste complément du *service obligatoire*. Tout le monde étant soldat, NUL ne doit occuper un poste au-dessus de ses capacités. — Le soldat, le sous-officier et l'officier doivent donc, par le travail, acquérir et perfectionner l'instruction proportionnée à leurs grades et à la responsabilité afférente à chacune des situations qui composent la hiérarchie militaire. L'instruction doit augmenter avec la responsabilité, et celle-ci augmente avec le grade. Cet article, malgré sa brièveté, est d'une importance capitale pour l'avenir de l'armée. Jusqu'ici, à de rares exceptions près, le jeune officier, à sa sortie de Saint-Cyr ou des écoles d'application, fermait ses livres d'études, et ne les rouvrait jamais; — quand il arrivait à être lieutenant, il y avait en moyenne quatre ans qu'il n'avait étudié quelqu'une des parties élevées de l'art militaire; il s'était perfectionné dans les détails du service, mais il avait oublié une partie des connaissances théoriques acquises à l'école. — Ce qui était vrai pour le lieutenant, l'était pour le colonel et même pour le général : plus ils étaient âgés, et plus ils étaient éloignés des études spéciales délaissées depuis leur sortie des écoles. — Ainsi, par une étrange anomalie, il n'existait aucune corrélation entre le grade et la science, mais seulement entre l'âge et le grade. — Désormais, il ne pourra plus en être ainsi ; chacun devra, *suivant son grade*, posséder l'instruction prescrite par un règlement du ministre. — Dès que l'instruction sera réglementée, il est de toute évidence quil sera impossible de ne pas indiquer que l'instruction sera plus élevée pour l'officier que pour le soldat, pour l'officier supérieur que pour le lieutenant, pour le général que pour le chef de bataillon. — Le simple bon sens indique cette graduation.

On ne pourra donc obtenir un grade supérieur qu'à charge de remplir les conditions de capacités exigées pour ce grade. — L'ancienneté ne pourra créer de droits que si elle s'appuie sur l'intelligence. C'est là une condition essentielle pour la formation d'un bon état-major.

ART. 70. — Les ministres de la guerre et de la marine assureront, par des règlements, aux militaires de toutes armes, le temps et la liberté nécessaires à l'accomplissement de leurs devoirs religieux les dimanches et autres jours de fête consacrés pour leurs cultes respectifs. Ces règlements seront insérés au BULLETIN DES LOIS.

L'idée religieuse est le complément de la valeur militaire. L'espoir de se voir dans un monde meilleur, lorsque l'on tombe en défendant sa patrie, inspire aux soldats le mépris de la mort.

Cependant, il est bien entendu que cette disposition sera réglementée de façon à ne porter aucune entrave aux exercices militaires, et à ne donner aucun prétexte à l'indiscipline.

ART. 71. — Tout homme ayant passé sous les drapeaux douze ans, dont quatre au moins avec le grade de sous-officier, reçoit des chefs de corps un certificat en vertu duquel il obtient, au fur et à mesure des vacances, un emploi civil ou militaire en rapport avec ses aptitudes ou son instruction.

Une loi spéciale désignera dans chaque service public la catégorie des emplois qui seront réservés en totalité, ou dans une proportion déterminée, aux candidats munis du certificat ci-dessus.

Nous avons indiqué que la grande difficulté du service obligatoire c'est la formation des cadres. On peut à la rigueur former un soldat en deux ou trois ans, mais il est impossible de renouveler tous les trois ans les cadres. Si les jeunes soldats sont bien encadrés, ils constitueront une armée ; s'ils sont mal encadrés, ils ne composeront qu'une foule armée, sans solidité, sans cohésion, et dont le nombre ne fera qu'augmenter la défectuosité. Il faut au moins trois ou quatre ans pour former un bon sous-officier, et l'incorporation devant en moyenne durer quatre ans, c'est au moment où il allait rendre des services qu'il rentrera dans la vie privée. — Il faut donc, en lui offrant des avantages sérieux, l'engager à rester au régiment. — Ces avantages doivent être de deux sortes : moraux et pécuniaires. Il faut relever la situation des sous-officiers à leurs propres yeux et à ceux des soldats ; leur donner l'épée, leur enlever le fusil, en faire de vrais demi-officiers ; il faut, après douze ans passés au régiment, leur assurer des positions honorables dans les administrations civiles et militaires.

Tel est le but que l'article 70 se propose d'atteindre.

ART. 72. — Nul n'est admis, avant l'âge de trente ans accomplis, à un emploi civil ou militaire, s'il ne justifie avoir satisfait aux obligations imposées par la présente loi.

Le service militaire étant obligatoire pour tous, il est évident que les administrations civiles et militaires relevant de l'État ne peuvent accorder d'emplois à ceux qui ne justifieraient pas avoir satisfait aux obligations imposées par la loi.

ART. 73. — Chaque année, avant le 31 mars, il sera rendu compte à l'Assemblée nationale, par le ministre de la guerre, de l'exécution de la présente loi pendant l'année précédente.

De la sorte, la Chambre et le pays seront constamment tenus au courant des améliorations introduites dans notre organisation militaire. Les réformes votées par les représentants ne resteront donc plus lettre morte.

DISPOSITIONS TRANSITOIRES

ART. 74. — Les dispositions de la présente loi ne seront appliquées qu'à partir du 1er janvier 1873.

Toutefois, la totalité de la classe 1871 sera mise à la disposition du ministre de la guerre ; les jeunes gens de cette classe, qui ne feront pas partie du contingent fixé par le ministre, seront placés dans la réserve de l'armée active, au lieu de l'être dans la garde nationale mobile, conformément à la loi du 1er février 1868, et y resteront un temps égal à la durée du service accompli dans l'armée active et dans la réserve par les hommes de la même classe compris dans le contingent. Après quoi les uns et les autres seront placés dans l'armée territoriale, conformément aux dispositions de l'article 36 de la présente loi.

La durée du service pour la classe de 1871 comptera du 1er juillet 1872, conformément aux prescriptions de la loi du 1er février 1868 ; néanmoins, pour les jeunes gens de cette classe qui ont devancé l'appel à l'activité, elle comptera du 1er janvier 1871, conformément au décret du 5 janvier 1871.

Les dispositions de cet article sont très-importantes, car en réalité elles ont un effet rétroactif.

Ainsi, tous les jeunes gens qui composent la classe de 1872 sont mis à la disposition du ministre : une partie sera incorporée, l'autre sera classée dans la réserve.

Tous les jeunes gens qui font partie de la garde mobile en vertu de la loi de 1868 tombent également dans la réserve.

En réalité donc, tous les jeunes gens qui n'ont pas trente ans se trouvent compris dans les dispositions de la présente loi, et font partie, soit de l'armée active, soit de la réserve.

Ceux qui ont trente ans seront classés dans l'armée territoriale ou landwher.

ART. 75. — **Les jeunes gens ne faisant pas partie de la classe de 1871, qui voudraient, avant le 1er janvier 1873, profiter des dispositions des articles 53 et 54 ci-dessus, feront au ministre de la guerre la demande de contracter un engagement d'un an.**

Le règlement prévu par les articles 53 et suivants, et les programmes mentionnés en l'article 54, seront publiés avant le 1er novembre prochain; à partir de cette époque les jeunes gens désignés au § 1er du présent article seront admis soit à contracter leur engagement, soit à passer les examens exigés.

Les jeunes gens des classes de 1872 et suivantes actuellement sous les drapeaux par suite d'engagements volontaires, pourront, à partir du 1er janvier 1873 profiter des dispositions des articles 53 et 54.

Le temps passé au service par ces jeunes gens sera, lorsqu'ils auront rempli les obligations déterminée par l'article 56, déduit du temps de service prescri par l'article 36.

Le temps passé au service par les jeunes gens qui se sont engagés volontairement pour la durée de la guerre, sera également déduit du temps de service prescrit par l'article 36.

Les dispositions rétroactives de cet article sont excessivement importantes pour tous les jeunes gens qui, par suite d'appels ou d'engagements volontaires, se trouveront sous les drapeaux au 31 décembre 1872.

Tous ils peuvent profiter des facilités offertes au travail et à l'intelligence par la loi actuelle; tous ils pourront adresser une demande au ministre de la guerre, à l'effet de contracter un engagement volontaire d'un an, soit en raison des diplômes qu'ils auront en leur pouvoir, soit en raison des examens qu'ils seront tenus de subir.

Cette disposition additionnelle est donc extrêmement importante pour tous les jeunes gens instruits qui se trouveront au régiment avant le 1er janvier 1873.

ART. 76 — **Les jeunes gens des classes de 1867, 1868, 1869 et 1870, appelés en vertu de la loi du 1er février 1868, qui ont été compris dans le contingent de l'armée, seront, à l'expiration de leur ser-**

vice dans la réserve, placés dans l'armée territoriale, conformément aux dispositions de l'article 36 de la présente loi. Les jeunes gens de ces mêmes classes, qui n'ont pas été compris dans le contingent de l'armée, et qui font actuellement partie de la garde nationale mobile, seront, à partir du 1er janvier 1873, placés dans la réserve de l'armée, où ils compteront jusqu'à la libération du service dans la réserve des jeunes gens de la même classe qui ont été compris dans le contingent de l'armée. Ils seront ensuite placés dans l'armée territoriale, conformément aux dispositions de l'article 36 de la présente loi.

Cet article a pour but de concilier les dispositions de la loi actuelle avec les dispositions de la loi de 1868.

Les hommes classés par la loi de 1868 dans la réserve et dans la garde mobile, passeront, pour les classes de 1867, 1868, 1869 et 1870, soit dans la réserve, soit dans l'armée territoriale.

ART. 77. — Les hommes des classes antérieures appelés en vertu de la loi du 21 mars 1832, qu'ils aient été ou non compris dans les contingents fournis par lesdites classes, feront partie de l'armée territoriale et de la réserve de l'armée territoriale, conformément aux dispositions de l'article 36 de la présente loi, jusqu'à ce qu'ils aient atteint l'âge prescrit par ladite loi pour la libération du service dans l'armée territoriale et dans la réserve de l'armée territoriale.

L'État de recensement des hommes compris dans cette catégorie sera établi conformément aux dispositions de l'article 15 de la loi du 1er février 1868. Ils pourront être appelés par classe, en commençant par les moins anciennes.

Un conseil de révision par arrondissement, composé ainsi qu'il est dit à l'article 16 de la loi précitée, prononcera sur les cas d'exemption pour infirmités et défauts de taille qui lui seront soumis.

Cet article confirme les dispositions rétroactives de l'article précédent; — il atteint tous les jeunes gens valides qui auraient été omis dans l'immatriculation de la garde mobile.

Ainsi, à partir de la promulgation de la présente loi, tout homme valide sera immatriculé dans l'armée active, s'il est sous les drapeaux ou s'il fait partie des contingents de 1872; dans la réserve, s'il a été dispensé, ou s'il fait partie de la portion non appelée des contingents de 1870 à 1873.

ART. 78. — Les jeunes gens qui, au lieu d'être placés ou maintenus dans la garde nationale mobile, feront partie de la réserve, conformément aux dispositions précédentes, seront soumis à des exercices et

revues déterminés par un règlement du ministre de
la guerre.

Il ne suffit pas de changer le nom de garde mobile en réserve,
pour constituer une réserve sérieuse ; il faut exercer les hommes.
C'est pourquoi l'effet rétroactif de la loi devient indispensable. Les
hommes tombant sous l'application des articles 75 et 76 seront soumis aux exercices, aux revues, aux manœuvres, exactement comme
ceux qui auront été placés dans la réserve après leur sortie de l'armée
active dans laquelle ils figurent aujourd'hui.

**ART. 79. — L'obligation de savoir lire et écrire
pour contracter un engagement volontaire, ou pour
être envoyé en disponibilité après une année de service, ne sera imposée qu'à partir du 1ᵉʳ janvier 1875.**

L'instruction est malheureusement bien peu répandue dans un
certain nombre de nos départements. — Cependant, il importe de ne
pas empêcher les jeunes gens qui désirent s'engager de devancer
l'appel ; il importe aussi de ne pas retirer au ministre la faculté de
diminuer les charges qui pèsent sur nos finances, en renvoyant dans
leurs foyers les jeunes soldats qui, au bout d'un an, auraient, à force
de travail et d'application, acquis une instruction militaire suffisante.
Il faut donc une période de transition. — Cette période est de trois
ans ; ainsi, à partir de 1875, nul ne pourra contracter un engagement
volontaire, nul ne pourra espérer réduire à un an la durée de l'incorporation dans l'armée active, s'il ne sait lire et écrire.

**ART. 80. — Toutes les dispositions des lois et dé-
crets antérieurs à la présente loi, relatifs au recrutement de l'armée, sont et demeurent abrogées.**

La loi actuelle remplace toutes celles qui l'ont précédée. — Elle
abroge toutes les dispositions relatives au recrutement ; — il est donc
intéressant de bien se pénétrer des réformes accomplies.

Il ressort des 79 articles de la loi, trois grandes choses :

1º Tout homme, quels que soient son rang et sa fortune, sera désormais tenu de concourir de sa personne à la défense de la Patrie
et au maintien de l'ordre ;

2º Il n'y aura plus ni remplacement, ni exemptions ; en temps de
paix, et en temps de paix seulement, il y aura des dispenses, accordées aux soutiens de famille et à ceux qui se dédient à des études,
ou à des emplois pouvant intéresser la prospérité générale, au point
de vue scientifique, industriel ou agricole ;

3º L'instruction sera obligatoire dans l'armée, et elle devra être en
rapport avec l'échelle hiérarchique. Chacun sera tenu de posséder
les connaissances spéciales afférentes au grade qu'il occupera et à
la responsabilité qui lui incombera.

Ce sont là trois réformes des plus importantes et des plus fécondes
pour la régénération matérielle et morale de notre pays, et la loi
actuelle est le premier pas fait dans la voie de la régénération.

Jamais loi n'a été plus égalitaire ; elle n'accorde de privilége d'aucune sorte : ni au rang, ni à la fortune. — Le mérite seul donnera
droit à 'avancement, puisque nul ne pourra franchir un échelon de

la hiérarchie, s'il n'a subi victorieusement les épreuves exigées pour obtenir de l'avancement.

Désormais, l'armée ne formera plus un corps à part dans l'État ; l'armée sera la nation elle-même, la nation entière, vivante, animée d'un seul et unique désir, le patriotisme, dans ce qu'il a de plus pur et de plus élevé.

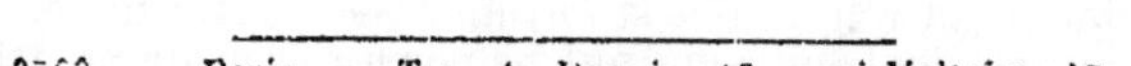

3703. — Paris. — Typ. A. Pougin, 13, quai Voltaire, 13.